Das Fleisch-Kochbuch

Die besten Klassiker und Neukreationen aus aller Welt

INHALT

EINLEITUNG

Auch das schönste Stück Fleisch kann durch falsche Behandlung zäh und trocken werden – damit das nicht passiert, erhalten Sie im Folgenden das notwendige Rüstzeug.

FLEISCHGENUSS

Rind, Kalb, Schwein & Co.

Fleisch gehört zu unseren wertvollsten Lebensmitteln und es ist gut, dass ihm zunehmend wieder die verdiente Wertschätzung entgegengebracht wird. Die Nachfrage nach hochwertigen Produkten, deren Herkunft lückenlos nachzuverfolgen ist, wächst. Nicht nur diverse Fleischskandale haben dazu geführt, dass immer mehr Menschen Massentierhaltung und preisgünstige, anonyme Supermarktware ablehnen. Es ist auch die neu entdeckte Lust am Genuss, die dazu führt, dass ein Umdenken stattfindet, denn artgerechte Haltung kann man schmecken.

DIE NEUE LUST AUF FLEISCH

Lange Jahre ging es bei Fleisch hauptsächlich darum, dass es in großer Menge, mager und so preisgünstig wie möglich täglich auf dem Tisch stand. Diese Zeiten sind vorbei. Immer mehr Verbraucher haben erkannt, dass nur mit artgerechter Haltung hervorragende Produkte erzeugt werden können und wissen wieder die geschmacklichen Unterschiede der verschiedenen Rinder-, Schweine- und Schafrassen zu schätzen. Dass artgerechte Haltung mehr kostet, leuchtet ein und so folgen beim Fleischverzehr immer mehr Menschen der Devise: weniger ist mehr. Das tägliche, geschmacksneutrale Fleisch auf dem Teller ist nicht mehr gefragt. Fleisch als Lebensmittel, dem wir Respekt entgegenbringen, wird wieder in Maßen genossen. Dafür wird auf Herkunft und Qualität geachtet und das Fleisch achtsam und geschmackvoll zubereitet und genossen.

ARTGERECHTE TIERHALTUNG

Im Zuge der neuen Wertschätzung von Fleisch und seinen Produkten und einer wiederentdeckten Freude an Geschmacksvielfalt, gewinnen heute wieder Nutztierrassen an Bedeutung, die fast in Vergessenheit geraten waren. Immer mehr Landwirte entscheiden sich für weniger Tiere, eine artgerechte Haltung und letztendlich für mehr Geschmack. Greifen Sie zu, wenn Sie im Handel die Möglichkeit dazu haben. Sie werden erstaunt sein, wie gut und wie unterschiedlich Rind, Schwein und Lamm schmecken kann!

ALTE RASSEN NEU ENTDECKEN

Auf den folgenden Seiten werden einige ausgewählte Nutztierrassen exemplarisch vorgestellt. Dabei handelt es sich nur um einen sehr kleinen Ausschnitt, denn alleine in Europa gibt es über 100 verschiedene Rinder- und über 70 Schweinerassen. Viele der Tierrassen sind oder waren vom Aussterben bedroht. Organisationen wie die 1987 gegründete „Gesellschaft zur Erhaltung alter und gefährdeter Haustierrassen e. V.“ (GEH), „Slow Food“ oder auch das 1995 gegründete „Arche-Projekt“ haben es sich zum Ziel gemacht, auf diese Nutztiere aufmerksam zu machen, um sie zu schützen, zu erhalten und letztendlich auch eine Geschmacksvielfalt auf unseren Tellern sicherzustellen.

Die Gründe, weshalb zum Beispiel alleine in Deutschland über 100 Nutztierrassen auf der Roten Liste stehen, liegen auf der Hand: In Europa kam es erst zu den Wirtschaftswunderzeiten nach dem 2. Weltkrieg zum Phänomen der Massentierhaltung. Davor wurden die Tiere mehr oder weniger artgerecht gehalten – Intensivmast wurde noch nicht praktiziert. Die Tiere kamen mit kargem Futter aus, hatten in der Regel Auslauf und setzten dennoch Fett an. Der Fleischkonsum der Bevölkerung war ungleich niedriger als heute. Fleisch war wertvoll und kam selten auf den Tisch.

Mit dem Wirtschaftswunder nahm der Verbrauchergeschmack eine drastische Wende. Fleisch sollte nun täglich, günstig und mager auf dem Teller landen. Die riesigen Mengen an günstigem Fleisch konnten nur noch in Massenbetrieben und mit Intensivmast produziert werden. Tierrassen, die sich dafür nicht eigneten, wurden nicht mehr gezüchtet. Der Hauptgrund, warum viele alte Rassen nicht für Massenbetriebe geeignet sind, liegt darin, dass die Tiere mit der Intensivmast zu fett werden. Sie sind von Natur aus an Gras und karges Raufutter, also an Stroh und Heu gewöhnt und brauchen zudem mehr Bewegung. Zusammengepfercht in Ställen und mit Kraftfutter gemästet setzen die Tiere viel zu viel Fett an. Heute sind es gerade wieder diese Tierrassen, die an Bedeutung gewinnen. Nur sie liefern bei richtiger Haltung saftiges, marmoriertes Fleisch mit Biss und Geschmack. Halten Sie also in Hofläden, auf Märkten oder beim Metzger Ausschau nach Ihnen unbekannten Rassen und helfen Sie so mit, diese Tiere vor dem Aussterben zu schützen. Denn hier gilt: Essen ist Erhalten!

GUTES FLEISCH

Für den Geschmack des Fleisches sind neben der Haltung und der Rasse auch das Alter und Geschlecht der Tiere sowie die Verwendung des richtigen Teilstücks entscheidend – der „Metzger Ihres Vertrauens“ kann Ihnen diesbezüglich sicherlich mit Rat und Tat zur Seite stehen. Ein guter Metzger weiß, woher sein Fleisch kommt und beantwortet gerne Ihre Fragen nach der Herkunft. Zudem sollte er in der Lage sein, Ihnen für die jeweiligen Zubereitungsarten geeignete Teilstücke zu empfehlen.

Das oberste Gebot ist natürlich: Das angebotene Fleisch muss in einem einwandfreien Zustand sein. Es sollte neutral bis leicht säuerlich riechen, keinesfalls jedoch unangenehm. Die Oberfläche – besonders der größeren Fleischstücke – sollte einen trockenen Eindruck machen. Außerdem darf das Fleisch keinen Saft verlieren oder gar im eigenen Saft schwimmen. Darüber hinaus gibt es noch einige fleischsortenspezifische Kriterien, die Sie beim Kauf von Fleisch beachten sollten. Mehr dazu erfahren Sie auf den folgenden Seiten.

RIND & KALB

Die wichtigsten Nutztiere des Menschen

KLEINE WARENKUNDE

Unter den Begriff „Rind“ fallen sowohl männliche als auch weibliche, alte und junge Tiere. Je nach Geschlecht und Alter unterscheidet man zwischen Kalb, Färse, Jungbulle, Ochse, Bulle oder Kuh. Kälber sind sowohl männliche als auch weibliche Jungtiere im ersten Lebensjahr. Die Tiere werden meist im Alter zwischen drei und vier Monaten geschlachtet.

Qualitativ gutes Rindfleisch ist dunkelrot mit glänzenden Schnittflächen. Das feinfaserige Fleisch sollte von weißen Fettadern durchzogen sein. Nach dem Schlachten sollte es je nach Teilstück und Art der Verwendung mindestens 2, besser jedoch 3–5 Wochen beim Metzger abhängen und reifen. Nur so wird das Bindegewebe gelockert, das Fleisch mürbe und das volle Aroma freigesetzt. „Dry-aged-Beef“ heißt hier der moderne Fachbegriff, denn in der langen Zeit des Abhängens verliert das Fleisch an Wasser und bekommt einen trockenen, dunklen Reiferand. Solch ein Rand sieht auf den ersten Blick vielleicht nicht unbedingt attraktiv aus – doch sollte er eher zum Kauf verleiten als davon abzuhalten.

Gutes Kalbfleisch erkennt man daran, dass es nicht weißlich rosa, sondern kräftig rosa bis hellrot ist. Kalbfleisch ist eiweißreich, fettarm und gut verträglich. Zudem ist es besonders zart, was daran liegt, dass die Muskeln der Kälber noch nicht vollständig entwickelt sind und der Bindegewebsanteil des Fleisches niedriger ist als bei ausgewachsenen Rindern. Das ist auch der Grund dafür, warum Kalbfleisch, anders als Rind, lediglich 2–3 Tage abhängen muss.

BELIEBTE RINDERRASSEN

Hinterwälder Rind

Die kleinste europäische Rasse kommt ursprünglich aus dem Südschwarzwald. Das robuste Zweinutzungsrind (Milch und Fleisch) ist ein sehr guter Futterverwerter und ideal für die ganzjährige Weidehaltung. 1992 von der GEH, der Gesellschaft zur Erhaltung alter und gefährdeter Haustierrassen, zur „gefährdeten Nutztierrasse des Jahres“ erklärt, wird es aber in den letzten Jahren von immer mehr Züchtern wiederentdeckt. Die rotbraun-weiß gescheckten Tiere mit den weißen Hörnern liefern kräftig schmeckendes und dabei saftiges Fleisch dank eines hohen intramuskulären Fettanteils.

Black Angus

Black Angus (auch Aberdeen Angus)

Die ursprünglich aus der schottischen Grafschaft Angus stammende Rinderrasse ist inzwischen in der ganzen Welt, insbesondere auch in den USA, verbreitet. Das Fleisch der schwarzen, hornlosen Rasse ist von kräftiger roter Farbe, feinfaserig, schön marmoriert und sehr zart.

Wagyu/Kobe

Wagyu- bzw. Kobe-Beef gilt als das beste Fleisch der Welt. Das Fleisch der meist schwarzen, manchmal rotbraunen Rinder besitzt einen hohen Fettanteil, im Vergleich zu anderen Rassen ist das Fett aber gleichmäßig in Form einer feinen Marmorierung über das gesamte Fleisch verteilt, was das Fleisch schon rein optisch zu einer Besonderheit macht.

Kobe-Rinder gehören zur Rasse der Wagyu-Rinder. Als Kobe-Rind dürfen nur solche Wagyu-Rinder bezeichnet werden, die aus der japanischen Region Kobe stammen. Kobe-Beef ist außerhalb Japans kaum erhältlich, da das edle und seltene Fleisch aufgrund der starken Inlandsnachfrage in Japan nicht exportiert wird. In Europa wird daher vorwiegend das Wagyu-Beef angeboten.

Limousin

Die großrahmige, fleischbetonte Rasse wurde auf Zweinutzung (Fleisch und Arbeit) hin gezüchtet. Ihre Muskulatur ist stark ausgeprägt, was dem Fleisch einen kernigen Geschmack verleiht. Die rotbraunen, kräftigen Tiere mit hellen Hörnern waren um 1950 herum beinahe ausgestorben. Mittlerweile wächst der Bestand wieder, denn die Vorzüge dieser langsam wachsenden, robusten und genügsamen Rasse werden wieder geschätzt: Die ruhigen Tiere sind sehr gute Futterverwerter. Ihr kräftig schmeckendes Fleisch ist feinfaserig und zart.

Galloway

Galloways gehören zu den kleinrahmigen Robustrassen. Den Robustrassen ist ein relativ hoher Fettmantel und eine sehr gute Futterverwertung gemein, der sie auch harte Winter im Freien bestens überstehen lässt und die genügsamen Tiere für die ganzjährige Weidehaltung prädestiniert. Die schwarzen, hellbraunen oder rotbraunen hornlosen Tiere mit dem relativ langen Fell liefern bestes, marmoriertes Fleisch.

Charolais

Vor dem Siegeszug des Traktors waren die großrahmigen, fleischbetonten einfarbigen weißen bis cremefarbenen Rinder aus Zentralfrankreich Dreinutzungsrinder. Sie lieferten Milch, Fleisch und wurden als Arbeitstiere eingesetzt. Heute werden sie als reine Fleischrasse gehalten. Sie wachsen langsam, besitzen stark ausgeprägte Muskeln und relativ wenig Fetteinlagerungen. Ihr Fleisch ist kräftig und kernig im Geschmack, dabei zartfaserig in der Struktur und relativ hell in der Farbe.

Galloway

WICHTIGE FLEISCHTEILE VOM RIND

2 *Hals/Nacken (Zungenstück)*

Alle Teilstücke der Halspartie sind von Fett und Sehnen durchzogen und benötigen lange Garzeiten, sind jedoch schön kräftig im Geschmack. Das Fleisch eignet sich zum Schmoren oder Kochen oder wird zu Hackfleisch verarbeitet. Das Muskelfleisch wird als Zungenstück bezeichnet. Es eignet sich gut für Braten.

4 *Hohe Rippe*

Zartfaseriges, gut marmoriertes Fleisch aus dem Rib-Eye-Steaks geschnitten werden.

6 *Roastbeef*

Auch Zwischenrippen-, Lenden- oder Nierenstück, der hintere Teil wird auch Rostbraten genannt. Aus dem ausgelösten Stück werden die Rumpsteaks geschnitten, nicht ausgelöst und mit anhängendem Filet werden daraus T-Bone- und die besonders großen Porterhouse-Steaks. Das Fleisch ist kernig, aromatisch und marmoriert. Es eignet sich zum Braten im Ganzen als auch in Scheiben und zum Grillen.

7 *Filet*

Liefert das zarteste und fettärmste Fleisch. Es eignet sich zum Braten, Pochieren, Schmoren, Kurzbraten und Grillen, sowohl im Ganzen als auch in Scheiben (Filetsteaks). Aus dem mittleren Teil des ausgelösten Filets werden das Chateaubriand und die Tournedos, aus dem schmaleren Ende das Filet mignon und die Filetspitzen geschnitten.

8 *Hüfte*

Liefert Hüftsteaks, Hüftkern und Hüftfilet. Das Fleisch ist mager und zart. Es eignet sich zum Kurzbraten ebenso wie zum Schmoren oder Braten im Ganzen oder in Scheiben.

9 *Tafelspitz*

So benannt wegen seiner spitz zulaufenden Form. Das Fleisch ist zart, mager und hat eine charakteristische Fettschicht. Das klassische Teilstück für den weltbekannten österreichischen Tafelspitz. Eignet sich zum Kochen, Schmoren und Pochieren.

10 *Oberschale*

Zartes, kurzfaseriges, mageres Fleisch, das von feinen Fettadern durchzogen ist. Geeignet zum Schmoren, besonders auch für Rouladen.

11 *Unterschale*

Recht mageres, grobfaseriges Fleisch, das aus der Außenseite der Rinderkeule geschnitten wird. Geeignet zum Schmoren und Pochieren.

13 *Dünnung/Bauchlappen*

Dünnes Muskelgewebe, das die Bauchhöhle umgibt. Das Fleisch hat einen hohen Bindegewebsanteil und ist daher vornehmlich zum Schmoren oder zur Herstellung von Rinderfonds geeignet.

17 *Schulter/Bug*

Recht mageres Fleisch mit hohem Bindegewebsanteil. Eignet sich hervorragend zum Pochieren, für Schmorgerichte wie Gulasch und Ragout oder für Braten (z. B. Sauerbraten).

21 *Bein (Beinscheiben)*

Das Bein findet vorrangig in Form der muskulösen, fettreichen Beinscheiben (horizontal zugesägte Scheiben aus dem Bein) Verwendung. Sie eignen sich zur Herstellung von Suppen, können aber auch geschmort werden. Das Beinfleisch dient ansonsten zur Klärung von Suppen. Die Oberschenkelknochen finden in Form von Markknochen Verwendung bei der Herstellung von Fonds und Saucen.

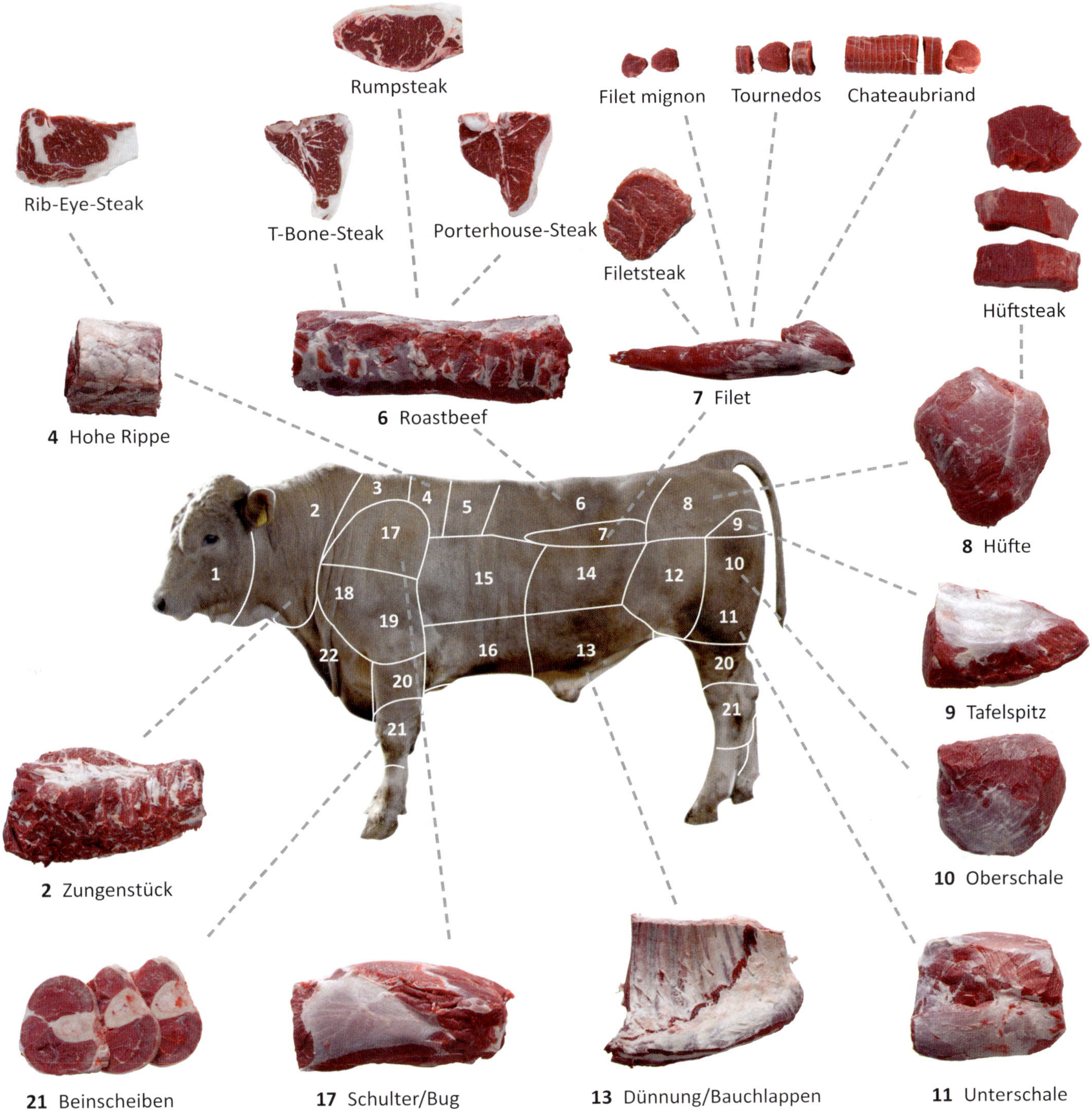

1	*Backe*	*7*	*Filet*	*13*	*Dünnung/Bauchlappen*	*19*	*Dickes Bugstück*
2	*Hals/Nacken (Zungenstück)*	*8*	*Hüfte*	*14*	*Spannrippe*	*20*	*Wade/Hesse*
3	*Fehlrippe*	*9*	*Tafelspitz*	*15*	*Querrippe*	*21*	*Bein (Beinscheiben)*
4	*Hohe Rippe*	*10*	*Oberschale*	*16*	*Brustkern*	*22*	*Brust*
5	*Hochrippe*	*11*	*Unterschale*	*17*	*Schulter/Bug*		
6	*Roastbeef*	*12*	*Nuss/Kugel*	*18*	*Falsches Filet*		

WICHTIGE FLEISCHTEILE VOM KALB

2 Hals/Nacken (Nackenkotelett)

Die Halspartie besitzt kräftig marmoriertes Fleisch, das auch bei hohen Temperaturen saftig bleibt. Ideal zum Grillen und Kurzbraten. Ausgelöst wird das Nackenfleisch auch gerne als Braten verwendet oder gewürfelt zum Schmoren. Aus dem Nacken werden außerdem die Nackenkoteletts geschnitten.

3 Rücken

Der Rücken besitzt sehr zartes Fleisch mit einer feinen Fettmaserung. Der vordere Rücken wird auch Rippenstück genannt, aus ihm werden die Kalbskoteletts und das Kalbskarree geschnitten. Das hintere Rippenstück wird ohne Knochen als Kalbsrücken angeboten. Das Fleisch des Rückens eignet sich zum Kurzbraten, Grillen, Schnetzeln und für Braten.

4 Filet

Liegt zu beiden Seiten unterhalb des hinteren Rückens. Zartestes, mageres Fleisch, teuerstes und exklusivstes Teilstück. Im Ganzen zum Pochieren, Schmoren oder Braten geeignet, in Medaillons geschnitten zum Kurzbraten.

5 Oberschale

Bestes Teilstück der Keule mit kurzfaserigem, fettarmem und zartem Fleisch. In Scheiben geschnitten geeignet für Steaks und Schnitzel (zum Grillen oder Kurzbraten), dünn geschnitten zum Schmoren für Involtini. Im Ganzen als Braten zum Schmoren geeignet.

6 Unterschale

Wird aus der Außenseite der Keule geschnitten und unterteilt in Fricandeau und Fricandeaurolle. Die Rolle ist sehr zart, mager und in Scheiben geschnitten zum Kurzbraten geeignet. Das Fricandeau ist grobfaseriger. Es eignet sich eher zum Schmoren und weniger zum Kurzbraten.

7 Nuss/Kugel

Aus dem vorderen Teil der Kalbskeule. Erstklassige Fleischqualität, kurzfaserig und zart. In Scheiben geschnitten als Schnitzel zum Kurzbraten oder Grillen geeignet, im Ganzen zum Schmoren und für Braten oder geschnetzelt für Gulasch, Ragout oder Frikassee.

9 Brust

Kalbsbrust und die dazugehörige Brustspitze ganz vorne gehören zu den beliebtesten Teilstücken des Kalbs. Gut ausgewogener Fettanteil. Als gefüllte Kalbsbrust im Ganzen gegart ein Festtagsbraten. Aber auch zum Schnetzeln geeignet für Ragouts.

11 Haxe

Das Bein findet vorrangig in Form der muskulösen, fettreichen Beinscheiben (horizontal zugesägte Scheiben aus dem Bein) Verwendung. Diese sind sehr gut zum Schmoren geeignet, zum Braten und Grillen nur bei ganz jungen Tieren. Weltbekannter Klassiker dieses Teilstücks ist das italienische Ossobuco.

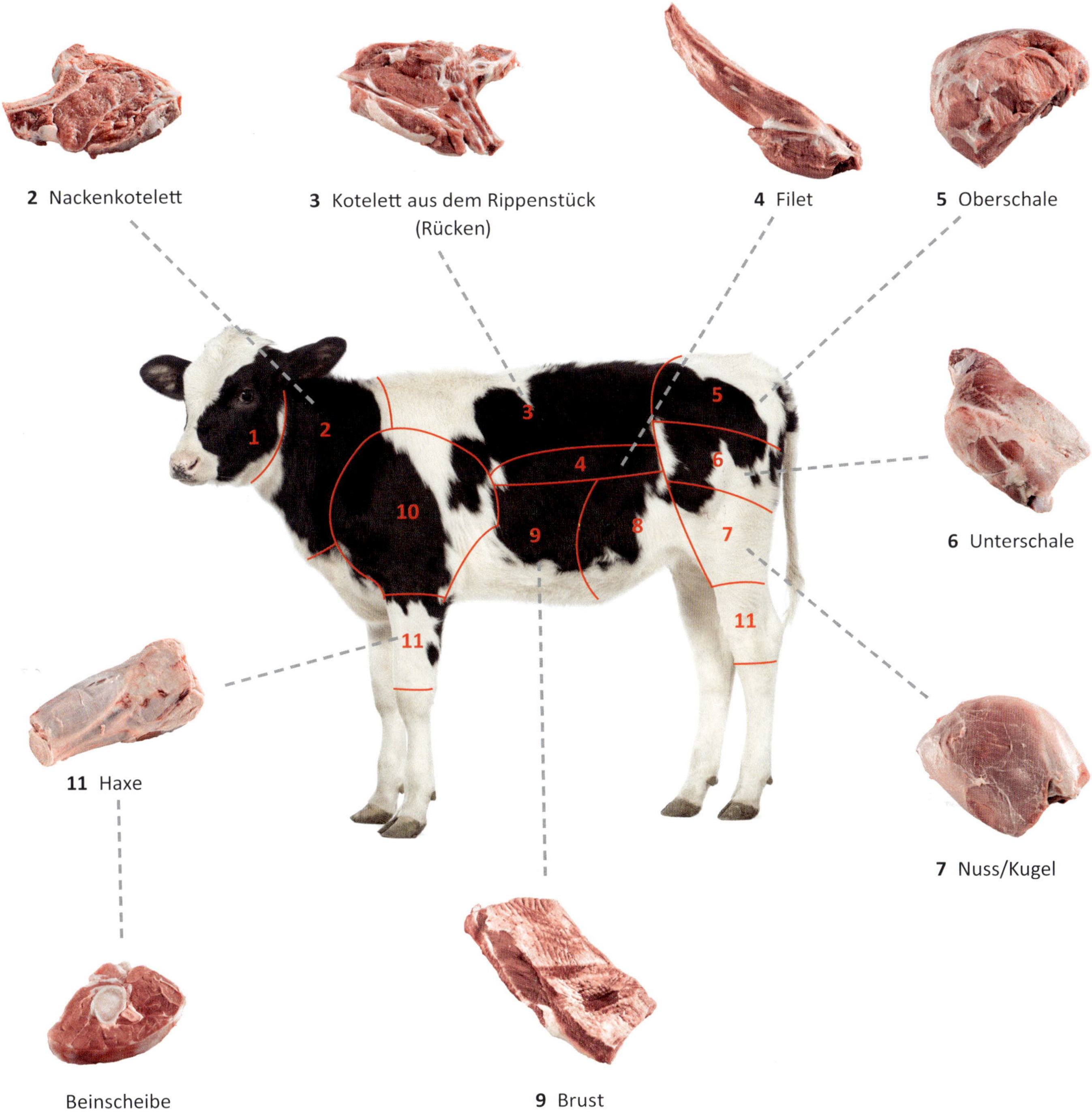

1	*Bäckchen*
2	*Hals/Nacken (Nackenkotelett)*
3	*Rücken*
4	*Filet*
5	*Oberschale*
6	*Unterschale*
7	*Nuss/Kugel*
8	*Dünnung/ Bauchlappen*
9	*Brust*
10	*Schulter/Bug*
11	*Vorder- bzw. Hinterhaxe*

SCHWEIN

Das Lieblingsfleisch der Deutschen

KLEINE WARENKUNDE

Auch wenn der Konsum von Schweinefleisch leicht rückläufig ist, ist das Zuchtschwein mengenmäßig immer noch einer der größten Fleischlieferanten. Schweine sind sensible Tiere. Aufgrund ihrer verringerten Stressresistenz wurden in den letzten Jahren die Zucht- und Haltungsbedingungen verbessert – Fleisch aus Massentierhaltung sollte jedoch weiterhin gemieden werden. Immer noch werden Schweine in Massentierhaltung daraufhin gezüchtet, dass sie möglichst viel Fleisch und wenig Fett ansetzen. Das führt dazu, dass das Fleisch beim Braten sehr viel Flüssigkeit abgibt und sich zusammenzieht. Im Ergebnis schmeckt es zäh und hat kaum Eigengeschmack. Achten Sie also beim Einkauf auch auf die Schalen, in denen das Fleisch liegt. Blut- oder Wasserpfützen sind immer ein Anzeichen dafür, dass das Tier zu schnell auf Gewicht hochgezüchtet wurde.

Wollschwein

Schweinefleisch aus artgerechter Haltung zeichnet sich dadurch aus, dass es kräftig rosa bis rot ist, von sehr feinen Fettfasern durchzogen und von einem 7–8 Monate alten Mastschwein stammt. Die Tiere werden mit Mischfutter ernährt und haben genügend Auslauf. Das Fett von Fleisch und Speck sollte schneeweiß sein. Schweinefleisch muss, im Gegensatz zu Rindfleisch, nicht abgehangen werden. Vom Schwein werden fast alle Stücke in der deftigen und auch gehobenen Küche verwendet.

BELIEBTE SCHWEINERASSEN

Angler Sattelschwein

Robust, genügsam, stressresistent, mit bestem Fleisch ausgestattet – und doch: Als das Angler Sattelschwein um 1990 von der GEH zur gefährdeten Nutztierrasse des Jahres erklärt wurde, war es beinahe ausgestorben. Heute wird das schlappohrige große und schwarzborstige Tier mit dem namensgebenden weißen Sattel in der Mitte wieder vermehrt gezüchtet. Als genügsamer und äußerst guter Futterverwerter würde es in der Intensivmast verfetten, liefert aber bei Freilandhaltung mit Raufutter bestes marmoriertes Fleisch mit feinem Geschmack.

Wollschwein (Mangalica)

Das Wollschwein oder Mangalica, wie es in seiner ungarischen Heimat heißt, ist ein genügsames und sehr widerstandsfähiges Schwein. Ursprünglich als Speckschwein gezüchtet, ging die Nachfrage und damit der Bestand der Rasse nach dem Zweiten Weltkrieg aufgrund des Trends zu magerem Fleisch stark zurück, was sich inzwischen glücklicherweise wieder geändert hat. Das gut marmorierte, dunkle Fleisch der dicht behaarten Schweine mit lockigen Borsten eignet sich u. a. auch sehr gut zum Grillen.

Buntes Bentheimer Schwein

Buntes Bentheimer Schwein

Aus einer Kreuzung alter europäischer Landschweinrassen mit dem Angler Sattelschwein entstanden, ist es ebenso schlappohrig, aber etwas kleiner als dieses und mit unregelmäßigen schwarzen Flecken auf hellem Untergrund versehen. Die Rasse ist robust genug für die ganzjährige Freilandhaltung und genügsam genug für Raufutter. Auch diese Rasse war 1995 „Gefährdete Nutztierrasse des Jahres" – auch sie wird von immer mehr Bio-Höfen wiederentdeckt. Ebenso wie beim Angler Sattelschwein weist ihr Fleisch einen hohen intramuskulären Fettanteil auf, der es saftig und fein im Geschmack macht.

Schwäbisch-Hällisches Schwein

Bereits Anfang des 19. Jahrhunderts durch eine Kreuzung mit chinesischen Maskenschweinen hervorgegangen. 1987 zur „Gefährdeten Nutztierrasse des Jahres" erklärt, gehört es ebenfalls zu den Robustrassen. Die Tiere sind für die Freilandhaltung geeignet und würden in der Intensivmast viel zu fett werden. Bei artgerechter Haltung liefern die Tiere Fleisch von hervorragender Qualität. Dank ihrer natürlichen dicken Speckauflage und der feinen Marmorierung bleiben Braten, Steak & Co. schön saftig.

Ibérico-Schwein

Das Ibérico-Schwein gilt als eine der edelsten Schweinerassen. Die iberischen Schweine werden halb frei in Kork- und Steineichenhainen gehalten und mit Eicheln gemästet. Ihr Fleisch ist würzig und aromatisch, dabei zart und saftig. Das Ibérico-Schwein liefert den weltberühmten iberischen Schinken, den Jamón Ibérico oder Pata Negra.

WICHTIGE FLEISCHTEILE

2 *Hals/Nacken*

Das Fleisch der Halspartie ist stark marmoriert, dabei jedoch schön fest und kräftig im Geschmack. Es verträgt starke, trockene Hitze ohne auszutrocknen und eignet sich daher auch hervorragend zum Grillen. Beim ausgelösten zusammenhängenden Stück spricht man vom Kasselernacken, der meist leicht gepökelt und geräuchert in den Handel kommt. Mit dem Knochen ohne Kammspeck in Scheiben geschnitten werden aus dem Nackenfleisch die beliebten Nackenkoteletts. Scheiben vom ausgelösten Nacken kommen als Nackensteaks in den Handel.

5 *Rücken*

Das Fleisch des Rückens ist zart, aber nur wenig mit Fett durchzogen. Aus dem vorderen Rücken werden die Stielkoteletts (mit anliegenden Rippenknochen) sowie das Karree geschnitten. Aus dem hinteren Rücken die Lummer- oder Lendenkoteletts, die auch noch Teile des Filets enthalten – unzerteilt ergibt dieses Stück den Lummerbraten bzw. den Lachsrücken, der gepökelt und leicht geräuchert zum Kasseler wird. Das Fleisch der Rückenpartie eignet sich in Scheiben zum Kurzbraten oder als Braten. Da das Fleisch aber eher mager ist, neigt es schnell dazu, beim Garen trocken und zäh zu werden. Koteletts werden daher oft mit einer Panade versehen, da diese das Fleisch saftiger hält.

6 *Filet*

Auch Lende. Das magere und zarte Fleischstück liegt auf beiden Seiten unterhalb des Rückens. Die Filetköpfe eignen sich als Geschnetzeltes, das Filet selbst kann am Stück gebraten oder geschmort oder in Medaillons geschnitten kurzgebraten zubereitet werden.

7 *Hüfte*

Ohne Schwarte und in Scheiben liefert dieses Stück zarte Hüftsteaks. Am Stück und mit Schwarte wird daraus der beliebte Krustenbraten. Das Fleisch eignet sich sowohl zum Braten und Kurzbraten als auch zum Schmoren.

8 *Oberschale*

Die Oberschale liegt auf der Innenseite der Keule. Das Fleisch ist kurzfaserig und besonders mager. Mit dem fettreicheren Deckel eignet sie sich für Braten, ohne Deckel für Schnitzel oder Geschnetzeltes.

9 *Unterschale*

Die Unterschale liegt auf der Außenseite der Keule, ist leicht marmoriert und mit einer Fettschicht versehen. Mit Schwarte sehr gut zum Braten geeignet, ohne Schwarte für Schnitzel oder Gulasch.

10 *Nuss/Kugel*

Das magere und zarte Fleisch dieser Partie wird u. a. geräuchert und gepökelt zu Nuss-Schinken verarbeitet, in Scheiben geschnitten zu Schnitzeln. Das Fleisch eignet sich sowohl zum Braten als auch zum Kurzbraten.

11 *Bauch*

Der Schweinebauch hat einen hohen Fettanteil und ist sehr durchwachsen. Das Fleisch wird u. a. zu Speck verarbeitet. Außerdem stammen die beliebten Spareribs aus diesem Fleischstück.

12 *Schulter/Bug*

Das recht grobfaserige und sehnenreiche Fleisch benötigt eine relativ lange Garzeit und wird daher vornehmlich zum Schmoren verwendet.

15 *Haxe/Eisbein*

Die Haxe wird im Handel meist gepökelt angeboten und dann gekocht zubereitet („Eisbein"). Die fleischigere Hinterhaxe wird klassischerweise auch knusprig gegrillt serviert.

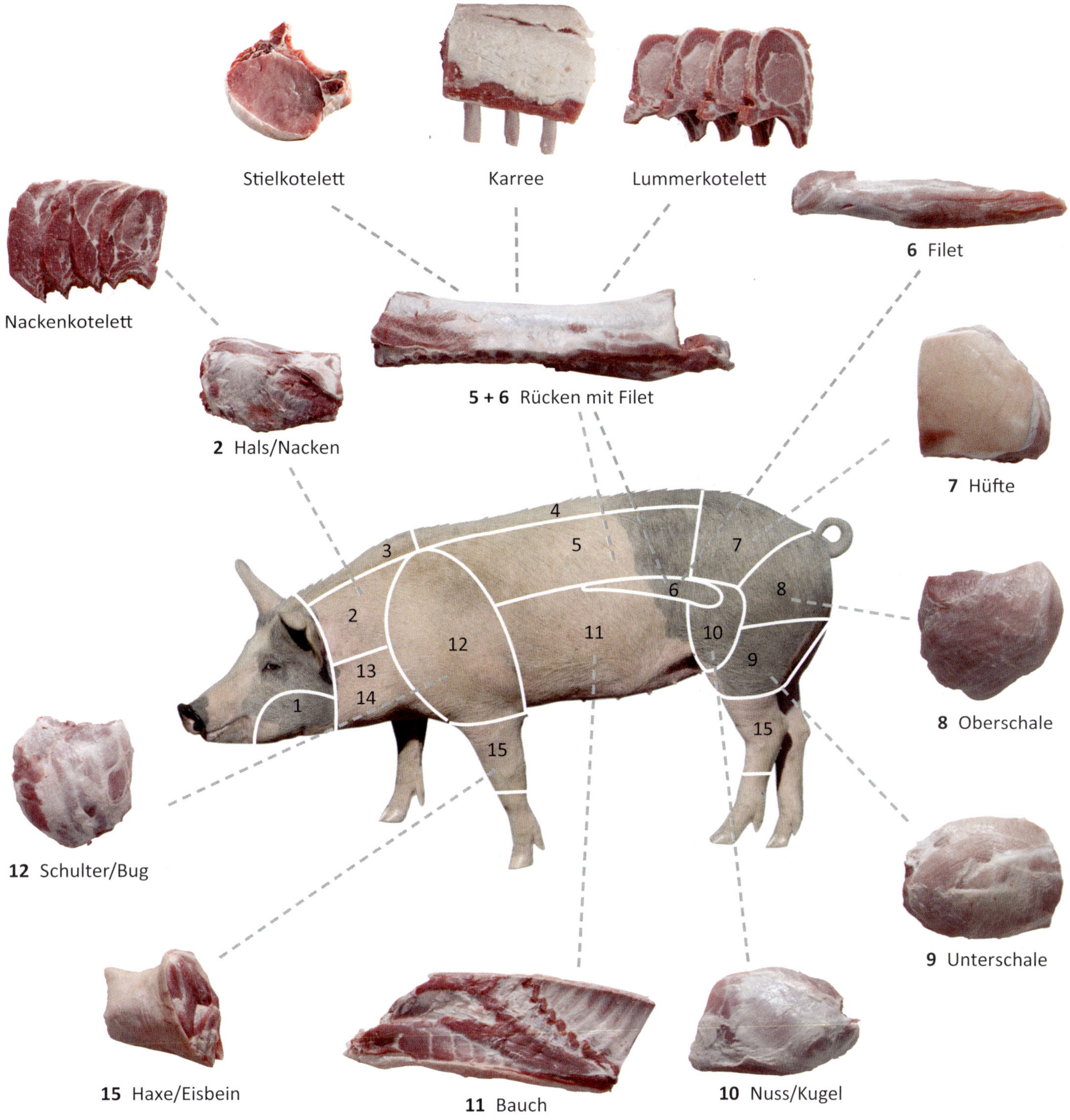

1	*Backe*	*5*	*Rücken*	*9*	*Unterschale*	*13*	*Brustspitze*
2	*Hals/Nacken*	*6*	*Filet*	*10*	*Nuss/Kugel*	*14*	*Dicke Rippe*
3	*Kammspeck*	*7*	*Hüfte*	*11*	*Bauch*	*15*	*Vorder- bzw. Hinterhaxe/Eisbein*
4	*Rückenspeck*	*8*	*Oberschale*	*12*	*Schulter/Bug*		

LAMM

Der Shootingstar in deutschen Küchen

KLEINE WARENKUNDE

Lammfleisch zeichnet sich durch seinen feinen, würzigen Geschmack aus. Lämmer werden meist im Alter von 3–4 Monaten geschlachtet. Generell darf nur das Fleisch von Tieren bis zu einem Jahr als Lammfleisch verkauft werden. Milchlämmer sind Lämmer die zwischen acht Wochen und sechs Monaten alt sind und noch kein Grünfutter bekommen haben – dadurch ist das Fleisch sehr hell und gilt als besonders zart.

Beim Lammfleisch verhält es sich sehr ähnlich wie beim Rind. Das leuchtend rote bis dunkelrote Fleisch sollte fein marmoriert sein und eine Fettabdeckung besitzen, die schneeweiß ist. Gelbliches Fett deutet auf alte Tiere hin. Lammfleisch muss nach der Schlachtung 1–3 Wochen beim Metzger abhängen, bevor es zubereitet werden kann.

BELIEBTE LAMMRASSEN

Texelschaf

Das von der niederländischen Insel Texel stammende Texelschaf ist die in den Niederlanden am häufigsten verbreitete Schafsrasse und wird inzwischen auch in Deutschland gezüchtet. Die großen, hellen Fleischschafe haben einen weißen kahlen Kopf ohne Hörner. Das Original Texel-Lammfleisch stammt von mindestens 100 Tage alten Lämmern, was bedeutet, dass sie über drei Monate auf dem Weideland umherlaufen und das Gras genießen konnten. Das Fleisch ist extrem zart, saftig und hat einen ausgezeichneten Geschmack.

Müritzlamm

Müritzlämmer sind bekannt für ihr zartes, saftiges und aromatisches Fleisch, das zurecht einen ausgezeichneten Ruf unter Köchen und Feinschmeckern hat. Das Fleischt stammt von Höfen in Mecklenburg-Vorpommern, wo die Tiere artgerecht auf würzigem Moorland und Gras gehalten werden.

Weißköpfiges- und schwarzköpfiges Fleischschaf

Die beiden sehr widerstandsfähigen Schafrassen entstanden etwa in der Mitte des 19. Jahrhunderts aus einer Kreuzung der Marschschafe der Küstenregionen mit britischen Schafrassen. Die bis an die Stirn bewollten, hornlosen Fleischschafe sind mit ihren langen Rücken und gut ausgebildeten Keulen kräftig bemuskelt. Während es das Weißköpfige Fleischschaf hauptsächlich in Norddeutschland gibt, gilt das Schwarzköpfige Fleischschaf als eine der am stärksten vertretenen Schafrassen in ganz Deutschland.

Berrichon du Cher

Das in Frankreich gezüchtete weiße Fleischschaf mit hornlosem, unbewolltem Kopf sowie nur teilweise bewolltem Bauch ist sehr anpassungsfähig und entwickelt sehr starke Keulen und Rücken mit saftigem und aromatischem Fleisch.

Heidschnucke

Stammt ursprünglich aus der Lüneburger Heide. Das graue Fell der graugehörnten Heidschnucken ist sehr lang. Kopf, Beine und Schwanz sind schwarz und kurzhaarig. 1998 von der GEH zur „Gefährdeten Nutztierrasse des Jahres“ ernannt, wird auch diese genügsame Rasse glücklicherweise wieder vermehrt in ganz Europa gezüchtet und die Zucht subventioniert. Gehalten auf wilden Heideflächen und Magerrasen ist ihr dunkles Fleisch sehr fettarm und hat einen feinen, an Wild erinnernden Geschmack.

WICHTIGE FLEISCHTEILE

1 *Hals/Nacken (Kammkotelett)*

Das Fleisch der Hals-/Nackenpartie ist stark marmoriert und bleibt daher beim Garen sehr saftig – ob gegrillt, gebraten oder geschmort. Lammnacken wird meist am Stück entweder mit oder ohne Knochen angeboten. Aus dem Fleischstück werden auch die Kammkoteletts geschnitten.

2 *Rücken*

Das Fleisch des Lammrückens ist sehr zart und mager und gilt als das beste Stück vom Lamm. Lammrücken von größeren Tieren wird meist in der Mitte längs entlang des Rückgrates halbiert. Werden dann die Rippenknochen vom umliegenden Gewebe befreit, ergibt sich das sogenannte Lammkarree. In Scheiben geschnitten werden daraus die beliebten Lammkoteletts, die sich zum Grillen und Kurzbraten eignen und zartes, saftiges Fleisch liefern. Jedoch wird auch das Karree im Ganzen gerne im Ofen gebraten, häufig mit einer Kräuterkruste versehen. Beliebt ist auch das kreisförmig zusammengebundene Karree, dann Krone genannt.

Bei jungen Tieren wird oft der gesamte Rücken als sogenannter Doppelrücken angeboten. In Scheiben geschnitten ergeben sich daraus die saftigen Schmetterlingskoteletts, die sich zum Grillen und Kurzbraten eignen. Lammlachse sind das ausgelöste Rückenfleisch ohne Filetstück. Das Fleisch ist sehr zart und eignet sich hervorragend zum Kurzbraten oder Grillen.

3 *Filet*

Relativ kleine, ganz besonders zarte Fleischstücke beidseitig der Wirbelsäule unterhalb des hinteren Rückens. Sie eignen sich hervorragend zum Grillen oder Kurzbraten.

4 + 8 *Keule mit Haxe*

Das hellrote, muskulöse Fleisch der Keule hat einen zarten Geschmack und einen relativ geringen Fettanteil. Im Ganzen bestens für Braten geeignet. Mit Knochen gegart besonders saftig. Aber auch geschmort sehr gut als Gulasch, Curry oder Ragout. Die meist abgetrennten Haxen liefern aromatisches und zartes Fleisch, das sich hervorragend zum Braten im Backofen oder zum Schmoren eignet. Während des Garvorgangs schiebt sich das Fleisch am Knochen hinunter, sodass dieser freiliegt und das Fleisch unten kugelig endet.

6 *Schulter/Bug*

Deutlich kleiner als die Keule und mit höherem Bindegewebs- und Fettanteil. Das Fleisch braucht länger, um zart zu werden und eignet sich weniger zum Garen am Stück als vielmehr in Würfel geschnitten und geschmort als Ragout oder Gulasch. Meist wird aus dem Schulterfleisch Hackfleisch hergestellt.

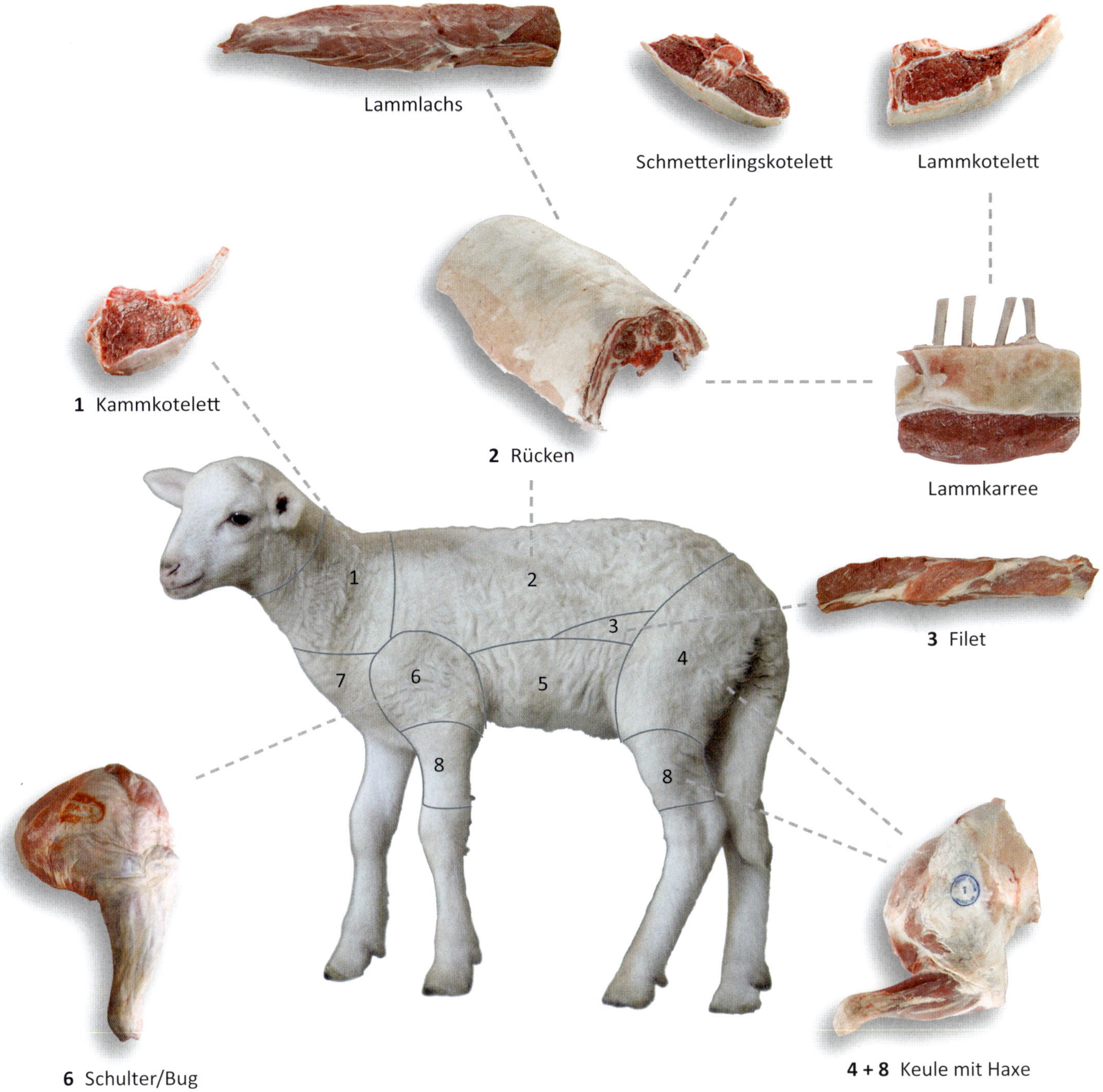

1	*Hals/Nacken (Kammkotelett)*	*3*	*Filet*	*6*	*Schulter/Bug*
		4	*Keule*	*7*	*Brust*
2	*Rücken*	*5*	*Dünnung/Bauchlappen*	*8*	*Vorder- bzw. Hinterhaxe*

KÜCHENPRAXIS

Aufbewahren, vorbereiten, zubereiten

Selbst das schönste Stück Fleisch kann durch falsche Behandlung zäh und trocken werden und an Geschmack einbüßen. Im Folgenden geben wir Ihnen das notwendige Know-how an die Hand, damit Ihr Fleisch perfekt auf den Teller kommt.

LAGERUNG

Kühlschrank

Wenn Sie Fleisch nicht sowieso direkt am Tag des Einkaufs zubereiten, lässt sich die Ware je nach Sorte und Größe der Stücke recht unterschiedlich lange im Kühlschrank aufbewahren. Als Faustregel gilt: je kleiner die Stücke, desto kürzer sollte der Aufbewahrungszeitraum sein. Denn: je größer der Anteil der Fleischoberfläche am Gesamtstück, desto mehr Angriffsfläche haben Mikroorganismen, die für den Verderb verantwortlich sind.

Nehmen Sie Fleisch zum Aufbewahren aus der Plastikverpackung. Tupfen Sie es trocken und legen Sie es am besten gut abgedeckt in eine Porzellan- oder Glasschale. Stellen Sie es im Kühlschrank unten direkt über das Gemüsefach. Das ist die kälteste Stelle des Kühlschranks. Lagern Sie das Fleisch nie auf einem Holzbrett, das kann ihm Wasser entziehen und das Brett lässt sich anschließend auch nur schwer ausreichend säubern. Stellen Sie es auch nie offen in den Kühlschrank.

Tipp

Nutzen Sie die Aufbewahrungszeit zur Geschmackssteigerung! Reiben Sie das gewaschene und trocken getupfte Fleisch mit Gewürzen und frisch gehackten Kräutern Ihrer Wahl ein und legen Sie es bis zur Zubereitung in den Kühlschrank.

Aufbewahrungsdauer bei 0–4 °C	
Rindfleisch (Steaks)	**3–4 Tage**
Rindfleisch (Braten)	**max. 5 Tage**
Kalb- und Schweinefleisch (Steaks und Braten)	**2–3 Tage**
Hackfleisch und Innereien	**max. 8 Stunden**
Gulasch und Geschnetzeltes	**max. 1 Tag**
Fertig zubereitetes, durchgegartes Fleisch	**2 Tage**

Tiefkühlschrank

Fleisch sollte am besten nicht tiefgekühlt werden, da dem Fleisch beim Gefriervorgang immer etwas Wasser entzogen wird, was zu geschmacklichen Verlusten führt. Wenn es sich aber nicht vermeiden lässt, sollte das Fleisch möglichst luftdicht in einem Gefrierbeutel verpackt werden, um die qualitativen Einbußen so gering wie möglich zu halten. Am besten gelingt dies durch ein Folienschweißgerät mit integriertem Vakuumierer. Haben Sie dies nicht zur Hand, so achten Sie darauf, möglichst viel Luft aus der Verpackung zu drücken und den Beutel sorgfältig zu verschließen. Doch auch im Tiefkühlschrank ist Fleisch nicht unbefristet haltbar. Generell gilt: Je fetter das Fleisch, desto kürzer die Dauer, da das Fett auch im Tiefkühlschrank irgendwann beginnt, ranzig zu werden.

Lassen Sie tiefgekühltes Fleisch vor der Verwendung langsam im Kühlschrank auftauen, am besten auf einer Abtropfschale, damit das Fleischstück nicht in der entstehenden Auftauflüssigkeit schwimmt. Ist das Fleisch aufgetaut, muss es am selben Tag zubereitet werden und darf nicht wieder eingefroren werden.

Aufbewahrungsdauer im Tiefkühlfach bei -18 °C	
Schweinefleisch (mager)	**max. 8 Monate**
Schweinefleisch (fett)	**max. 4 Monate**
Rind- und Kalbfleisch	**max. 12 Monate**
Hackfleisch (mager)	**max. 3 Monate**
Hackfleisch (fett)	**max. 1 Monat**

VOR DEM GAREN

Marinieren

Marinaden schützen Fleisch vor dem Austrocknen, verleihen ihm weitere Aromen und machen, soweit sie Säure enthalten, das Fleisch auch mürber, wie zum Beispiel beim Sauerbraten. Wie lange das jeweilige Fleischstück mariniert werden kann und soll, hängt stark von der Sorte, der Größe und dem jeweiligen Gericht ab. Von 30 Minuten bei Zimmertemperatur bis zu mehreren Tagen im Kühlschrank ist alles möglich. Nie allerdings sollten Marinaden Salz enthalten. Salz entzieht dem Fleisch den Saft und lässt es austrocknen.

Temperieren/Chambrieren

Fleisch sollte niemals direkt aus dem Kühlschrank gegart, sondern immer vorher auf Zimmertemperatur gebracht werden. Der Vorgang, der Temperieren oder Chambrieren (von frz. „chambre“ = „Zimmer“) genannt wird, dauert je nach Zimmertemperatur und Größe des Fleischstücks unterschiedlich lange. Es versteht sich von selbst, dass bei hochsommerlicher Hitze dünne Fleischscheiben nur eine sehr kurze Zeit benötigen und keinesfalls zu lange außerhalb des Kühlschranks gelagert werden sollten. Sinn des Ganzen ist ein gleichmäßigeres Durchgaren und damit ein zarteres Ergebnis.

Parieren

Parieren (von frz. „parer“ = „herrichten“) ist das Zurechtschneiden, bisweilen auch das Formgeben von Fleisch, Fisch und Geflügel in einen küchenfertigen Zustand. Unerwünschte Häute, Sehnen und Fettschichten werden dabei sorgfältig mit einem scharfen Messer entfernt. Diese anfallenden Abschnitte werden als Parüren bezeichnet, die gut zum Auskochen oder Mitkochen geeignet sind. Sie geben Aroma ab und können anschließend immer noch entfernt werden. Achten Sie beim Parieren darauf, das Fleisch möglichst wenig zu verletzen und arbeiten Sie – zum Beispiel beim Entfernen der Silberhaut – immer flach der Faser entlang. Schneiden Sie auch nicht zu viel Fett weg – Fett hält das Fleisch beim Braten saftig und sollte daher erst nach dem Garen entfernt werden.

Einschneiden/Ziselieren

Da sich Haut- und Fettschichten beim Garen zusammenziehen, sollten Sie vorher eingeschnitten werden. Auf diese Weise wird verhindert, dass das Fleisch Wölbungen bildet und uneinheitlich gart. Beim Einschneiden (zum Beispiel eines Schweinekrustenbratens oder eines Rumpsteaks) muss darauf geachtet werden, dass tatsächlich nur die äußere Fettschicht kreuzweise eingeschnitten wird. Das Fleisch selbst darf nicht verletzt werden, damit nicht unnötig Fleischsaft austritt.

Würzen

Beim Thema Salz und Pfeffer scheiden sich die Geister. Bisweilen wird die Meinung vertreten, dass Salz dem Fleisch Wasser entzieht und Pfeffer verbrennt. Ersteres stimmt natürlich bei längerem Marinieren – beim Anbraten jedoch ist die Osmose, die dafür verantwortlich ist, zu gering, um wahrgenommen zu werden, sodass in unseren Rezepten Fleisch vor dem Anbraten gesalzen wird. Und Pfeffer: Natürlich können alle Gewürze irgendwann verbrennen, gerade Pfeffer jedoch ist relativ stabil und kann auch vor dem Anbraten zum Würzen verwendet werden. Andere Gewürze und Kräuter sind jedoch empfindlicher und sollten – falls sie Teil einer Marinade sind – vorher entfernt werden. Besonders anfällig ist Knoblauch. Er entwickelt beim Anbraten rasch ein unangenehmes, bitteres Aroma und ist gleichzeitig Bestandteil vieler Marinaden. Vor dem Anbraten sollte er vorher immer abgestreift werden und – je nach Rezept – erst nach der großen Hitze wieder zugegeben werden. Weitere Gewürze, die rasch verbrennen: edelsüßes Paprikapulver, zarte frische Kräuter wie zum Beispiel Oregano oder Salbei und auch Curry. Während bei ihnen unerwünschte Bitterstoffe entstehen, entwickeln Zwiebeln rasch ihr typisches Röstaroma. Bisweilen ist dieses erwünscht – falls aber nicht, sollten auch sie erst nach der großen Hitze des Anbratens zugefügt werden.

Bardieren

Bardieren ist das Umwickeln oder Belegen von magerem Fleisch mit Speckstreifen. Wird häufig bei Wild, beim Zubereiten von Filet oder auch beim Garen von Braten ohne vorhandene Fettschicht praktiziert. Es schützt das Fleisch vor dem Austrocknen.

Mehlieren

Mit Mehl bestäubtes Fleisch erhält schnell eine schöne Kruste, gleichzeitig dickt das Mehl später die Sauce an. Jedoch ist hier weniger mehr. Das Fleisch sollte vor dem Mehlieren immer trocken getupft werden, sodass nur wenig Mehl hängen bleibt. Eine zu dicke Mehlschicht ist nicht nur unappetitlich, sondern macht die Sauce auch seifig. Bestäuben Sie daher lediglich das trockene Fleischstück und klopfen Sie das überschüssige Mehl anschließend ab.

Tipp

Die Rückstände, die sich beim Anbraten bilden, können als Grundlage für eine Sauce verwendet werden. Dafür das überschüssige Fett abgießen und den Bratensatz mit Wein, Brühe oder Wasser ablöschen und loskochen.

Fixieren

Ob Rouladen, Rollbraten oder anderes „Gefülltes“: Um das Fleisch wieder zu verschließen oder in Form zu bringen, muss es mit Küchengarn oder Holzstäbchen fixiert werden. Küchengarn ist häufig die bessere Alternative, denn es hält oftmals besser, stört nicht beim Anbraten und verletzt nicht das Fleisch.

Anbraten

Das Anbraten ist einer der wichtigsten Arbeitsschritte bei der Zubereitung. Erst durch das Anbraten entstehen die beliebten Röstaromen, die später den Geschmack komplettieren. Grund dafür ist die sogenannte Maillard-Reaktion, bei der Eiweiß-Verbindungen umgewandelt werden. Achten Sie auf folgende Punkte:

- Das zum Anbraten verwendete Fett sollte hitzeresistent sein, damit der Geschmack erhalten bleibt und keine Schadstoffe entstehen. Geeignete Öle sind beispielsweise Rapsöl, Sonnenblumenöl und Olivenöl.

- Pfanne und Fett sollten bereits die gewünschte Hitze erreicht haben, bevor das Fleisch hineinkommt.

- Geben Sie nie zu viele Fleischstücke auf einmal in die Pfanne oder den Bräter. Etwas Fleischsaft tritt immer aus und je mehr Fleischstücke auf einmal angebraten werden, desto höher das Risiko, dass das Fleisch im eigenen Saft schmort, ohne eine Kruste auszubilden.

- Bei Fleisch mit Fettschicht: Immer zuerst die Fettseite anbraten.

- Wenden Sie das Fleisch nicht unnötig oft. Oftmals reicht das einmalige Wenden. So kann sich am besten die Kruste ausbilden.

GARMETHODEN

Unterschiedliche Teilstücke verlangen nach unterschiedlichen Garmethoden. Als Grundregel lässt sich festhalten: Je grobfaseriger und muskulär beanspruchter (z. B. viele Stücke aus der Schulter), desto länger muss Fleisch schmoren, um zart zu werden. Im Gegensatz dazu gilt auch: Je kurzfaseriger und muskulär weniger beansprucht (z. B. viele Stücke aus der Keule und auch der Rücken mit den Filets), desto besser eignet sich das Fleisch für kurze Garzeiten. Hier nun ein kurzer Überblick über die verschiedenen Garmethoden und ihre jeweiligen Besonderheiten.

Kurzbraten und Grillen

Für viele ist diese Garmethode die Kür: Bei hoher Temperatur wird zartes, kurzfaseriges Fleisch ohne jede Flüssigkeitszufuhr außen kräftig gebräunt – aber nur so lange, bis der Kern noch schön rosa ist. Da diese Garmethode so pur und schlicht daherkommt, ist es umso wichtiger, dass das Fleisch von bester Qualität ist – sie bildet die Grundvoraussetzung für ein perfektes Geschmackserlebnis. Außerdem sollte das Fleisch an allen Stellen gleich dick sein.

Pfannenrühren

Bei hoher Hitze werden Fleisch- und Gemüsestücke unter Rühren gegart. Nach einer heißen Anbratphase folgt oft noch eine kurze Schmorzeit, bei der etwas Sauce gebildet und Gemüse bissfest gegart wird. Ebenso wie beim Kurzbraten und Grillen eignen sich beim Fleisch nur zarte und kurzfaserige Teilstücke, die in sehr dünne, mundgerecht geschnittene Schnetzel geschnitten werden. So wird das Fleisch im Handumdrehen zart und gar – und darauf kommt es beim asiatisch inspirierten Pfannenrühren an.

Braten im Ofen

Dickere Steaks können nach einer Anbratphase im Ofen fertig gegart werden. Doch mit dem Braten im Ofen ist eher das Garen eines großen Fleischstücks, also eines Bratens mit keiner oder mit nur wenig Flüssigkeit gemeint. Das Fleisch sollte dafür am besten schön marmoriert sein und wenig Bindegewebsanteil aufweisen. Eine Fettschicht ist zudem von Vorteil, denn sie schützt das Fleisch vor dem Austrocknen. Meist wird der Braten in einen Bräter gelegt, und Kräuter, Gemüse und etwas Flüssigkeit hinzugegeben. Manchmal kommt der Braten aber direkt auf das Backblech oder den Rost. Vor dem Garen im Ofen wird das Fleischstück meist in einer Pfanne scharf angebraten. Das sorgt für eine schöne Kruste und Röstaromen. Um gegen Ende der Garzeit zu prüfen, ob das Fleisch gar ist, ist ein Fleischthermometer hilfreich – dies gilt besonders bei großen Bratenstücken. Bei Steaks hilft auch die Fingerdruck-Methode (siehe S. 27).

Niedriggarverfahren

Immer mehr in Mode kommt auch das Niedriggarverfahren, bei dem Fleisch nach kurzem Anbraten in dem auf rund 80 °C heißen Ofen langsam fertig gegart wird. Bei dieser Zubereitungsart bleibt das Fleisch schön saftig und nimmt auch eine etwas längere Garzeit nicht übel – ideal also, wenn Gäste kommen.

Schmoren/Braisieren

Schmoren bzw. Braisieren ist das lange und langsame Garen in viel Flüssigkeit wie zum Beispiel bei Gulasch und Rouladen. Besonders geeignet sind für diese Garmethode bindegewebsreiche und langfaserige, muskulär beanspruchte Teilstücke. Fleisch dieser Art ist kräftig und kernig im Geschmack, benötigt aber eine lange Garzeit in Flüssigkeit. Um möglichst viel Aroma zu erhalten, werden auch bei dieser Garmethode die Fleischstücke vor dem eigentlichen Garvorgang scharf angebraten, um Röststoffe zu erzeugen. Nach der Anbratphase, die portionsweise erfolgt, werden die Röststoffe mit etwas Flüssigkeit losgekocht. Dann kommt das Fleisch wieder in den Topf und wird bei milder Hitze mit geschlossenem Deckel fertig gegart.

Kochen und Pochieren

Fleisch gart ohne vorherige Anbratphase und ist dabei vollständig von Flüssigkeit umgeben. Kommt Fleisch in kalte Flüssigkeit, so laugt es aus und gibt seinen Geschmack an die Flüssigkeit ab. Dies ist bei der Herstellung von Brühen erwünscht. Soll der Geschmack hauptsächlich im Fleisch bleiben, wird es in bereits kochende Flüssigkeit gegeben. Beim Kochen darf die Flüssigkeit leicht simmern. Im Gegensatz dazu ist das Pochieren sanfter und die Temperaturen niedriger. Pochieren eignet sich besonders zum punktgenauen Garen sehr zarter und feinfaseriger Fleischstücke wie Filet oder Rücken.

FERTIGSTELLEN

Ruhen lassen

Nach dem eigentlichen Garvorgang empfiehlt es sich immer, das Fleisch noch etwas ruhen zu lassen. Dadurch verteilt sich der Fleischsaft gleichmäßig im Fleisch und läuft beim Anschneiden nicht heraus. Meist wird das Fleisch dafür in Alufolie gewickelt, die das Fleisch vor dem Auskühlen schützt und zugleich austretenden Fleischsaft auffängt. Entweder landet dieser in der Sauce oder aber das Fleisch wird damit auf dem Servierteller beträufelt.

Passieren, Reduzieren, Binden

Während das Fleisch ruht, kann noch rasch eine Sauce fertiggestellt werden. Dafür wird bei Schmorgerichten der Bratsud passiert, das heißt durch ein Sieb gestrichen oder aber – bei Kurzgebratenem – überschüssiges Bratenfett weggeschüttet und der Bratensatz mit Flüssigkeit wie Brühe, Wein o. Ä. losgekocht. Beim Reduzieren wird dann die Flüssigkeit ohne Deckel und bei starker Hitze auf die gewünschte Menge eingekocht.

Zum Schluss kann alles mit Butter, Sahne oder Mehlbutter gebunden werden. Mit Butter werden in der Regel kleinere Saucenmengen für Kurzgebratenes gebunden. Hierbei werden eiskalte Butterflöckchen in die nicht mehr kochende Sauce gerührt. Sahne wird oft zum Verfeinern von Schmorgerichten eingesetzt, die Sauce darf dabei noch kochen. Mit Mehlbutter können größere Saucenmengen gebunden werden. Hierbei muss die Sauce noch mindestens 10 Minuten kochen, denn nur so kann das Mehl optimal binden und verliert gleichzeitig den unerwünschten Mehlgeschmack.

Salzen und pfeffern Sie Saucen immer erst ganz zum Schluss, da sich der Geschmack von Salz und Pfeffer durch das Einkochen intensiviert.

DAS PERFEKTE STEAK

Steaks werden vorwiegend aus dem Filet, aus dem Rücken oder aus der Hüfte geschnitten. Beim Zubereiten der köstlichen Fleischscheiben müssen ein paar Punkte beachten werden, damit die Steaks schön saftig und zart bleiben. Das notwendige Know-how erhalten Sie im Folgenden.

Schritt für Schritt zum perfekten Steak

• Das Fleisch rechtzeitig aus dem Kühlschrank nehmen und auf Zimmertemperatur erwärmen. Bei Dry-aged-Beef nicht erforderlich, bei anderen Fleischsorten aber wichtig: Vor dem Garen sollte das Fleisch immer mit Küchenkrepp trocken getupft werden. So wird in der Pfanne ein Spritzen verhindert und die aromatische Krustenbildung gefördert. Fettränder nicht ab-, aber einschneiden, damit sich das Fleisch nicht zusammenzieht und wellt.

• Das Fleisch erst kurz vor dem Braten salzen, sonst wird ihm Flüssigkeit entzogen. Kommt Fleisch auf den Grill, wegen der starken Hitze erst später pfeffern. Die Pfanne (am besten gusseisern) erhitzen, dann hoch erhitzbares Pflanzenöl oder Butterschmalz hineingeben. Erst wenn auch dieses richtig heiß ist, kommt das Fleisch hinein.

• Für eine optimale Krustenbildung sollte nie zu viel Fleisch in die Pfanne. Außerdem sollte das Fleisch nur einmal gewendet werden. Das heißt: Ein durchschnittlich dickes Steak von 2,5–3 cm Dicke wird von einer Seite 3–4 Minuten angebraten, danach gewendet und bei ebenso starker Hitze von der anderen Seite genauso lange weitergebraten.

• Um den gewünschten Gargrad festzustellen, ist für Geübte die Fingerdruck-Methode die beste Wahl (siehe unten). Für weniger Geübte ist ein Fleischthermometer sicherlich hilfreich. Es wird nach dem ersten Wenden in die Mitte des Fleischstücks gesteckt und gibt dann zuverlässig die Kerntemperatur an. Der Nachteil: Durch den Stich tritt Fleischsaft aus, der eigentlich im Fleisch bleiben sollte. Beachten Sie generell, dass das Fleisch beim Ruhen noch nachgart – nehmen Sie insbesondere Rind- und Lammfleisch daher im Zweifel eher früher aus der Hitze.

• Ist der gewünschte Gargrad erreicht, muss das Fleisch noch ein paar Minuten ruhen, entweder in der vom Herd gestellten Pfanne oder in Alufolie gewickelt (dann wird die Kruste allerdings wieder weicher). Etwas anders sieht es bei dickeren Fleischstücken aus. Hier wird nach dem beidseitigen krossen Anbraten das Fleisch entweder im vorheizten Ofen fertig gegart oder aber die Temperatur auf dem Herd wird reduziert. Auf dem Grill sollte der Rost entsprechend höher gestellt und so die Temperatur reguliert werden.

Garstufen für Steaks

Generell unterscheidet man folgende Garstufen (bei Steaks mit einem Gewicht von ca. 200 g):

Blutig (engl. = rare; franz. = saignant)	**Steak ist innen roh und hat außen eine dünne braune Kruste.**
Englisch (engl. = medium rare; franz. = à point/anglais)	**Steak ist im Kern roh, um den Kern herum rosa und hat außen eine braune Schicht.**
Rosa (engl. = medium; franz. = demi-anglais)	**Steak hat einen rosafarbenen Kern und ist nach außen hin durchgebraten.**
Durchgebraten (engl. = well done; franz. = bien cuit)	**Steak ist vollständig durchgebraten.**

Fingerdruck-Methode

Der richtige Garpunkt lässt sich mithilfe einer Druckprobe recht gut bestimmen. Zugegeben: Die Methode braucht ein wenig Übung, doch hat man erst den Dreh raus, ist sie kinderleicht. So geht's: Wenn Sie Ihr Steak „blutig" mögen, führen Sie Ihren Zeigefinger und den Daumen zusammen (nicht pressen) und drücken Sie mit einem Finger der anderen Hand auf den Handballen unterhalb des Daumens. Drücken Sie dann auf das Fleisch, um zu sehen, wie stark es nachgibt. Wenn es sich genauso anfühlt, ist Ihr Steak rare gebraten. Wenn Sie Ihr Steak „medium" mögen, gehen Sie genauso vor, verwenden Sie aber anstelle des Zeigefingers den Mittelfinger. Um Ihr Steak durchzubraten, nehmen Sie den kleinen Finger.

RIND

Ob saftiges T-Bone-Steak, klassischer Tafelspitz oder zartes Roastbeef – in diesem Kapitel finden Sie eine Auswahl der köstlichsten Rindfleischrezepte.

HÜFTSTEAKS

mit Walnuss-Streuseln

Für 4 Portionen

Für die Streusel:
2 Tl Kreuzkümmel
1 Tl Koriandersamen
80 g Walnüsse
abgeriebene Schale von 1 unbehandelten Zitrone
2 Zweige Rosmarin
2 Tl Olivenöl
1 Prise Meersalz

Für das Fleisch und den Jus:
2 El Olivenöl
4 Hüftsteaks (à ca. 200 g)
Salz
Pfeffer
1 Rosmarinzweig
2 Knoblauchzehen
1 El Ahornsirup
150 ml Aceto Balsamico
25 g eiskalte Butter

1| Für die Streusel Kreuzkümmel und Koriandersamen im Blitzhacker mahlen, dann in eine Schale geben. $\frac{1}{3}$ der Walnüsse ebenfalls im Blitzhacker mahlen, die restlichen Walnüsse hacken. Mit der Zitronenschale zu den Gewürzen geben. Den Rosmarin waschen, trocken tupfen und die Nadeln hacken. Mit dem Olivenöl und dem Salz ebenfalls in die Schale geben. Alles mit den Händen krümelig verkneten.

2| Eine Pfanne stark erhitzen. Das Olivenöl hinzugeben. Die Hüftsteaks waschen und trocken tupfen, dann salzen und pfeffern. Jede Seite ca. 4 Minuten braten, dabei das Fleisch nur einmal wenden. Fleisch herausnehmen, sofort in Alufolie wickeln und ruhen lassen.

3| Den Rosmarinzweig waschen und trocken tupfen. Knoblauch schälen und halbieren. Den Ahornsirup in die Pfanne geben und kurz karamellisieren lassen. Rosmarin und Knoblauch hinzugeben und alles mit Aceto Balsamico ablöschen. Die Mischung bei starker Hitze ca. 2 Minuten einkochen lassen, dann durch ein Sieb passieren. Die Butter in kleinen Stücken darunterrühren und den Jus mit Salz und Pfeffer abschmecken.

4| Das Fleisch aus der Folie nehmen und den Fleischsaft mit dem Balsamico-Jus verrühren. Die Steaks mit den Walnussstreuseln bestreuen und mit dem Jus servieren. Dazu passen Pommes frites und ein aromatischer Wildkräutersalat.

Zubereitungszeit: ca. 25 Minuten
Pro Portion ca. 543 kcal/2280 kJ
47 g E, 37 g F, 4 g KH

FILET MIGNON

mit scharfen Bohnen

1| Für die Marinade Knoblauch und Ingwer schälen und fein hacken. Das Zitronengras waschen, trocknen und die äußere Blattschicht entfernen. Die Stängel längs halbieren und in ca. 5 cm lange Stücke schneiden. Alles in eine Schüssel geben und mit Sojasauce, Rohrzucker und Sherry verrühren. Das Fleisch waschen, trocken tupfen und in der Marinade abgedeckt bei Zimmertemperatur ca. 2 Stunden marinieren lassen. Aus der Marinade nehmen und trocken tupfen. Die Marinade durch ein Sieb passieren, dann beiseitestellen.

2| Inzwischen die Bohnen putzen und waschen. In kochendem Salzwasser ca. 9 Minuten bissfest garen. In ein Sieb gießen, abschrecken und abtropfen lassen. Die Chilischote halbieren, putzen, waschen, trocken tupfen und hacken. Schalotten und Knoblauch schälen und hacken. Koriander waschen, trocken schleudern und die Blättchen abzupfen.

3| Eine große Pfanne erhitzen und ca. 3 Esslöffel Olivenöl hineingeben. Das Fleisch hineingeben und von jeder Seite ca. 2 Minuten stark braten. Herausnehmen, sofort in Alufolie wickeln und bis zum Servieren ruhen lassen.

4| Die Schalotten in die Pfanne geben, kurz anbraten, dann Chili und Knoblauch hinzugeben. Die Bohnen unterheben, kurz braten und mit Salz und Pfeffer abschmecken. Die Korianderblättchen unterheben.

5| Die Marinade in einem Topf erhitzen und ca. 2 Minuten einkochen lassen. Das Fleisch aus der Folie nehmen und den Fleischsaft zur Marinade geben und unterrühren. Das Fleisch mit den Bohnen und der Sauce servieren. Dazu passen Rosmarinkartoffeln aus dem Ofen.

Zubereitungszeit: ca. 40 Minuten (plus Marinierzeit)
Pro Portion ca. 357 kcal/1500 kJ
43 g E, 16 g F, 9 g KH

Für 4 Portionen

Für das Fleisch:
3 Knoblauchzehen
1 Stück Ingwer (ca. 7 cm)
2 Stängel Zitronengras
7 El Sojasauce
2 Tl Rohrzucker
2 El trockener Sherry
8 Filets mignons (à ca. 90 g)
Olivenöl zum Braten

Für die Bohnen:
600 g Buschbohnen
Salz
1 rote Chilischote
7 Schalotten
1 Knoblauchzehe
1 Bund Koriander
Pfeffer

BOEUF BOURGUIGNON

klassisch gut

Für 4 Portionen

Für die Marinade:
½ Knollensellerie
1 Möhre
1 Petersilienwurzel
1 Stange Lauch
2 Knoblauchzehen
1 Tl Pfefferkörner
2 Nelken
6 Wacholderbeeren
750 ml kräftiger Rotwein aus dem Burgund
6 cl Cognac

Für das Bœuf Bourguignon:
1 kg Rindfleisch aus der Schulter
Salz
Pfeffer
2 El Mehl
3 El Butterschmalz
1 Zwiebel
2 Knoblauchzehen
⅛ l Portwein
1 Lorbeerblatt
½ Bund Thymian
1 Zweig Rosmarin
200 g Perlzwiebeln
70 g milder Speck
250 g Champignons
1 El Butter
½ Bund gehackte, glatte Petersilie

1| Für die Marinade Sellerie, Möhre und Petersilienwurzel putzen und schälen. Den Sellerie in Würfel, Möhre und Petersilienwurzel in Scheiben schneiden. Den Lauch waschen, trocknen, putzen und in Stücke schneiden. Knoblauch schälen und in Stifte schneiden. Das Gemüse mit den Gewürzen in eine Schüssel geben. Rotwein und Cognac unterrühren. Das Fleisch waschen, trocken tupfen, parieren und in große Würfel schneiden. Dann in die Marinade geben und abgedeckt im Kühlschrank über Nacht marinieren lassen. Alles in ein Sieb abgießen, die Marinade dabei auffangen. Das Fleisch herausnehmen und trocken tupfen. Die Hälfte des Gemüses beiseitestellen, Gewürze entfernen.

2| Den Backofen auf 150 °C vorheizen. Das Fleisch mit Salz und Pfeffer würzen, dann mit Mehl bestäuben. Das Butterschmalz erhitzen und das Fleisch darin portionsweise von allen Seiten kräftig anbraten. Herausnehmen und beiseitestellen. Die Zwiebel und den Knoblauch schälen und hacken. Die Zwiebeln im Bratfett unter Rühren andünsten. Den Knoblauch dazugeben und alles mit Portwein ablöschen. Vollständig einkochen lassen, dann die Hälfte der Marinade angießen und ebenfalls einkochen lassen. Die restliche Marinade dazugießen und aufkochen. Fleisch, Gemüse und Lorbeerblatt hinzugeben und alles bei geschlossenem Deckel im Ofen ca. 2 ½ Stunden schmoren lassen. Nach 1 Stunde Garzeit den gewaschenen und trocken getupften Thymian und Rosmarin zugeben. Die Perlzwiebeln ca. 15 Minuten in warmes Wasser legen, schälen und ca. 30 Minuten vor Garzeitende zum Fleisch geben.

3| Den Speck in dünne Scheiben schneiden und in einer Pfanne ohne Fett bei milder Hitze knusprig braten. Champignons putzen, feucht abreiben und je nach Größe halbieren oder vierteln. Die Butter in einer zweiten Pfanne zerlassen und die Champignons darin ca. 8 Minuten braten. Salzen und pfeffern. Das Bœuf Bourguignon mit den gebratenen Champignons und dem Speck anrichten und mit Petersilie garniert servieren. Dazu passt kräftiges Bauernbrot.

Zubereitungszeit: ca. 60 Minuten (plus Marinier- und Garzeit)
Pro Portion ca. 761 kcal/3197 kJ
57 g E, 31 g F, 16 g KH

PFEFFERFILET

mit Lauchgemüse

Für 4 Portionen

Für das Gemüse:
50 g getrocknete Tomaten
100 g Pinienkerne
4 große Stangen Lauch
2 El Rosinen
2 El Olivenöl
Salz
Pfeffer

Für das Fleisch:
2 El schwarzer Pfeffer
4 El Sesamsaat
1 Tl Salz
4 Zweige Rosmarin
4 Rinderfiletsteaks (à ca. 180 g)
4 El Sonnenblumenöl

1| Für das Lauchgemüse die getrockneten Tomaten mit kochendem Wasser übergießen und ca. 10 Minuten ziehen lassen. Dann herausnehmen und hacken. Die Pinienkerne in einer Pfanne ohne Fett unter Rühren goldgelb rösten, dann beiseitestellen. Lauch waschen, trocknen, putzen und in Ringe schneiden. Die Rosinen kalt abbrausen.

2| Das Olivenöl in einer Pfanne erhitzen und den Lauch darin scharf anbraten, dann die Hitze reduzieren. Die gehackten Tomaten und die Rosinen unterheben. Bei milder Hitze ca. 10 Minuten garen lassen. Mit Salz und Pfeffer abschmecken. Die Pinienkerne unterheben.

3| Für die Steaks den schwarzen Pfeffer im Mörser grob zerstoßen, mit Sesam und Salz mischen und die Ränder der Steaks in der Mischung wälzen. Rosmarin waschen und trocken tupfen. Die Steaks waschen und trocken tupfen. Das Öl stark erhitzen und die Steaks von jeder Seite ca. 3 Minuten stark braten. Herausnehmen und sofort mit je 1 Zweig Rosmarin in Alufolie wickeln. Ca. 5 Minuten ruhen lassen. Die Steaks aus der Folie nehmen und mit dem ausgetretenen Fleischsaft beträufelt servieren. Dazu das Lauchgemüse reichen.

Zubereitungszeit: ca. 30 Minuten
Pro Portion ca. 633 kcal/2659 kJ
50 g E, 41 g F, 15 g KH

Tipp

Das Rib-Eye-Steak wird aus der Hohen Rippe geschnitten. Aufgrund der Fettmarmorierung und des namengebenden Fettauges (engl. „rib eye“) bleibt es beim Braten sehr saftig und hat einen kräftigen Geschmack.

RIB-EYE-STEAKS

mit Kartoffelwürfeln

1| Für die Steak-Marinade den Knoblauch schälen und grob hacken. Rosmarin und Oregano waschen, trocken tupfen und grob zerkleinern. Knoblauch, Zitronenschale und Pfefferkörner in einen Mörser geben und zerstoßen. Die Mischung in einer Schüssel mit dem Olivenöl verrühren. Die Kräuter hinzufügen. Die Steaks waschen, trocken tupfen und die Fettränder, falls vorhanden, grob entfernen. Das Fleisch in die Marinade legen und abgedeckt bei Zimmertemperatur ca. 1 Stunde marinieren lassen.

2| Den Backofen auf 200 °C vorheizen. Die Kartoffeln waschen, schälen und in kleine Würfel schneiden. In einen Topf geben, 1 Tl Meersalz hinzugeben und alles mit kaltem Wasser bedecken. Aufkochen lassen, ca. 1 Minute sprudelnd kochen lassen, dann vom Herd nehmen und in ein Sieb abgießen.

3| Die Kartoffeln in einer Schüssel mit dem Olivenöl mischen, dann salzen und pfeffern. Rosmarin waschen und trocken tupfen. Knoblauch in der Schale zerdrücken. Ein Backblech mit Backpapier auslegen und die Kartoffelwürfel darauf verteilen, dabei Platz für die Steaks lassen. Knoblauch und Rosmarinzweige darauf verteilen. Für ca. 20 Minuten im Ofen knusprig backen.

4| Inzwischen 2 Pfannen erhitzen. Das Butterschmalz hineingeben. Die Steaks aus der Marinade nehmen, trocken tupfen und salzen. Jede Seite ca. 1 ½ Minuten scharf anbraten, dann sofort zu den Kartoffeln auf das Backblech legen, mit etwas Marinade bepinseln und für ca. 10 Minuten im Ofen rosa garen. Dazwischen noch einmal mit der Marinade bepinseln.

5| Für das Dressing Zitronensaft mit etwas Olivenöl verrühren. Die Steaks mit den Kartoffelwürfeln anrichten, nach Belieben pfeffern und mit dem Dressing beträufeln.

Für 4 Portionen

Für das Fleisch:
6 Knoblauchzehen
1 Bund Rosmarin
1 Bund Oregano
abgeriebene Schale von
2 unbehandelten Zitronen
1 Tl schwarze Pfefferkörner
100 ml Olivenöl
4 Rib-Eye-Steaks (à ca. 350 g)
2 El Butterschmalz
Salz
Pfeffer

Für die Kartoffelwürfel:
1 kg festkochende Kartoffeln
Meersalz
2 El Olivenöl
Pfeffer
2 Rosmarinzweige
5 Knoblauchzehen

Für das Zitronendressing:
Saft von 2 Zitronen
etwas Olivenöl

Zubereitungszeit: ca. 30 Minuten (plus Garzeit)
Pro Portion ca. 796 kcal/3343 kJ
50 g E, 48 g F, 40 g KH

RINDERROLLBRATEN

mit Rotweinlinsen

Für 4 Portionen

Für das Fleisch:
30 g getrocknete Tomaten
50 g Pinienkerne
200 g Schalotten
4 Knoblauchzehen
je 1 Bund Oregano, Basilikum und Thymian
4 Zweige Salbei
6 El Olivenöl
1 Rinderrollbraten (à ca. 800 g)
Salz, Pfeffer
200 ml trockener Rotwein
1 Zweig Rosmarin
1 Lorbeerblatt

Für die Linsen:
250 g Tellerlinsen
3 Knoblauchzehen
2 Stangen Staudensellerie
2 Möhren
1 rote Zwiebel
3 El Olivenöl
100 ml Portwein
1 getrocknete Chilischote
200 ml trockener Rotwein
200 ml passierte Tomaten
Salz, Pfeffer
Rotweinessig
1 Bund Basilikum

1| Für die Bratenfüllung die Tomaten mit kochendem Wasser übergießen und ca. 10 Minuten quellen lassen, dann abtropfen lassen und hacken. Die Pinienkerne in einer Pfanne ohne Fett goldgelb rösten, dann beiseitestellen. Die Schalotten und die Knoblauchzehen schälen und hacken. Die Kräuter waschen, trocken schleudern und die Blättchen fein hacken. 2 Esslöffel Olivenöl in einer Pfanne erhitzen und die Schalotten darin bei milder Hitze anschwitzen. Knoblauch hinzugeben, dann die Kräuter. Kurz weiterdünsten, dann vom Herd nehmen. Tomaten und Pinienkerne unterheben.

2| Den Backofen auf 160 °C vorheizen. Das Fleisch waschen und trocken tupfen, dann salzen, pfeffern und mit der Füllung bestreichen. Aufrollen und mit Küchengarn fixieren. Einen ofenfesten Bräter erhitzen. Das restliche Olivenöl hineingeben und den Braten von allen Seiten bei hoher Hitze darin anbraten, dann für ca. 2 Stunden in den Ofen schieben. Nach 30 Minuten Garzeit den Rotwein hinzugießen und die Kräuter zufügen. Den Braten immer wieder mit Rotwein begießen.

3| Für die Rotweinlinsen die Linsen in ein Sieb geben und abbrausen. In einen Topf geben, mit kaltem Wasser doppelt so hoch bedecken und bei mittlerer Hitze ca. 50 Minuten gar, aber nicht zu weich kochen. In ein Sieb abgießen.

4| Inzwischen den Knoblauch schälen und hacken. Staudensellerie waschen, putzen und klein würfeln. Möhren waschen, putzen, schälen und ebenfalls klein würfeln. Die Zwiebel schälen und klein würfeln. Das Olivenöl in einem Topf erhitzen. Zwiebeln, Knoblauch und das Gemüse darin ca. 10 Minuten dünsten. Mit Portwein ablöschen und diesen bei starker Hitze fast vollständig einkochen lassen. Die Chilischote zerbröseln und mit dem Rotwein und den Tomaten hinzufügen. Ca. 10 Minuten köcheln lassen. Die Linsen unterrühren und alles mit Salz, Pfeffer und Essig abschmecken. Basilikum waschen, trocken tupfen und die Blätter abzupfen. Kurz vor dem Servieren unter das Linsengemüse heben. Den Braten aus dem Ofen nehmen, ca. 5 Minuten ruhen lassen, dann aufschneiden und mit dem Linsengemüse servieren. Dazu passt knuspriges Weißbrot.

Zubereitungszeit: ca. 60 Minuten (plus Schmorzeit)
Pro Portion ca. 873 kcal/3667 kJ
63 g E, 36 g F, 49 g KH

MINUTENSTEAKS

im Bärlauchmantel

1| Den Bärlauch waschen, trocken tupfen und die Blättchen grob hacken. Mit den Haselnüssen und dem Olivenöl zu einer Paste pürieren. Die Steaks waschen, trocken tupfen und mit der Paste bestreichen. Abgedeckt bei Zimmertemperatur ca. 1 Stunde marinieren lassen.

2| Die Eier in einem tiefen Teller verquirlen. Die Brötchen entrinden, zu Bröseln reiben und auf einen Teller geben (sind die Brötchen noch nicht trocken genug, in Scheiben schneiden und im Backofen kurz trocken rösten).

3| Für den Salat das Olivenöl mit Aceto Balsamico und Zitronensaft verschlagen. Mit Salz und Pfeffer pikant abschmecken. Den Rucola waschen, trocken schleudern und die Blätter in mundgerechte Stücke zupfen. Die Tomaten waschen, trocken reiben, die Stielansätze entfernen und die Früchte halbieren. Die Schalotten schälen und in feine Streifen schneiden. Alles mit dem Dressing vermischen. Den Parmesan grob raspeln und auf den Salat streuen.

4| Das Sonnenblumenöl in 2 Pfannen erhitzen. Die Steaks mit der Kräutermischung in den verquirlten Eiern wenden, dann salzen, pfeffern und in den Semmelbröseln wenden. Jede Seite ca. 3 Minuten goldgelb und knusprig braten. Die Steaks mit dem Rucolasalat servieren.

Zubereitungszeit: ca. 40 Minuten (plus Marinierzeit)
Pro Portion ca. 1050 kcal/4409 kJ
52 g E, 82 g F, 27 g KH

Für 4 Portionen

Für das Fleisch:
1 Bund Bärlauch
50 g gemahlene Haselnüsse
3 El Olivenöl
8 Minutensteaks aus der Hüfte (à ca. 75 g)
2 Eier
2 altbackene Brötchen
100 ml Sonnenblumenöl
Salz, Pfeffer

Für den Salat:
100 ml Olivenöl
2 El Aceto Balsamico
1 El Zitronensaft
Salz, Pfeffer
2 Bund Rucola
12 Kirschtomaten
2 Schalotten
75 g Parmesan

FILETSTEAKS

mit Rotweinsauce

Für 4 Portionen

Für die Saucengrundlage:
1 Zweig Rosmarin
2 Zweige Thymian
1 Knoblauchzehe
3 Pfefferkörner
250 ml kräftiger Rinderfond
2 Tl Kartoffelstärke
40 ml Sherry, Madeira oder Portwein
Salz
Pfeffer

Für das Fleisch:
4 Rinderfiletsteaks (à ca. 180 g)
Salz
grober Pfeffer
2 El Olivenöl
30 g Butter

Für die Rotweinsauce:
150 ml Rotwein
150 ml Saucengrundlage
Salz
Pfeffer
30 g eiskalte Butter

1| Für die Saucengrundlage die Kräuter waschen und trocken tupfen. Knoblauch schälen und hacken. Alles zusammen mit den Pfefferkörnern in einen Topf geben. Den Rinderfond dazugießen, zum Kochen bringen und ca. 5 Minuten offen kochen lassen. Die Kartoffelstärke mit Sherry, Madeira oder Portwein glatt rühren und in den köchelnden Fond rühren. Weitere 5 Minuten offen köcheln lassen, dann die Mischung durch ein Sieb in einen zweiten Topf passieren. Mit Salz und Pfeffer abschmecken. 150 ml abmessen und beiseitestellen.

2| Die Filetsteaks waschen, trocken tupfen, salzen und mit Pfeffer bestreuen. Das Olivenöl in einer Pfanne erhitzen, die Butter dazugeben und die Steaks von jeder Seite ca. 3 Minuten kräftig braten. In Alufolie wickeln und ca. 8 Minuten ruhen lassen.

3| Für die Rotweinsauce den Bratensatz mit Rotwein ablöschen. Bei starker Hitze aufkochen, 150 ml der Saucengrundlage dazugießen und alles ca. 5 Minuten offen einkochen lassen. Mit Salz und Pfeffer abschmecken. Den Topf vom Herd nehmen und die eiskalte Butter in Flöckchen mit einem Schneebesen einrühren. Die Steaks mit der Sauce servieren. Dazu passen Pommes frites und grüne Bohnen.

Variante:

Aus der Saucengrundlage lässt sich auch eine köstliche Sauce dijonnaise zubereiten. Dazu 2 gehackte Schalotten mit 40 ml weißem Portwein und 40 ml Weißwein in den Bratensatz geben. Bei starker Hitze aufkochen lassen. 200 ml der Saucengrundlage dazugeben. Alles ca. 5 Minuten offen kochen lassen. 100 ml Sahne sowie 2 Esslöffel scharfen Dijon-Senf einrühren. Alles aufkochen lassen und mit Salz und Pfeffer abschmecken. Den Topf vom Herd nehmen und 1 Esslöffel kalte Butter in Flöckchen mit einem Schneebesen unterrühren.

Zubereitungszeit: ca. 60 Minuten
Pro Portion ca. 447 kcal/1875 kJ
42 g E, 25 g F, 5 g KH

Tipp

Reste der Saucengrundlage können gut eingefroren werden – so können Sie bei Bedarf schnell Ihre Lieblingssauce daraus zaubern!

RINDER-PIE

mit Schwarzbier

Für 4 Portionen

200 g Schalotten
3 Knoblauchzehen
8 El Sonnenblumenöl
1 Tl brauner Zucker
1 kg Rindfleisch aus dem Nacken
1 gehäufter El Speisestärke
2 El Tomatenmark
1 El Rotweinessig
250 ml Rinderfond
150 ml Schwarzbier
Salz
Pfeffer
1 Bouquet garni
400 g Kartoffeln
2 Möhren
250 g Kräuterseitlinge
½ Bund glatte Petersilie
375 g Blätterteig (aus dem Kühlregal)
1 Ei
Öl für die Form

1| Die Schalotten schälen und in dünne Scheiben schneiden. Knoblauch schälen und hacken. 2 Esslöffel Öl in einem Bräter erhitzen. Die Schalotten darin ca. 5 Minuten anbraten. Mit dem Zucker bestreuen und weitere 8 Minuten karamellisieren lassen. Aus dem Bräter nehmen und beiseitestellen.

2| Das Rindfleisch waschen, trocken tupfen und in Würfel schneiden. Mit der Speisestärke bestäuben. Das restliche Öl in dem Bräter erhitzen und das Fleisch darin portionsweise bei mittlerer Hitze von allen Seiten braun anbraten. Das gesamte Fleisch wieder in den Bräter geben. Tomatenmark dazurühren, kurz anrösten und den Knoblauch zugeben. Rotweinessig, Rinderfond und Schwarzbier dazugießen, alles salzen und pfeffern und das Bouquet garni hineinlegen. Bei milder Hitze in siedender Flüssigkeit ca. 1 Stunde 45 Minuten schmoren. Währenddessen die Kartoffeln und Möhren waschen, schälen und würfeln. Nach 1 Stunde 15 Minuten zum Fleisch geben.

3| Den Backofen auf 180 °C vorheizen. Eine ofenfeste Form von ca. 1,25 l Fassungsvermögen mit Öl einfetten. Die Kräuterseitlinge abreiben und in Scheiben schneiden. Die Petersilie waschen, trocken schütteln und die Blättchen hacken. Beides unter das Fleisch rühren. Alles in die ofenfeste Form umfüllen. Die karamellisierten Schalotten obendrauf verteilen. Den Blätterteig so über die Form legen, dass die Ränder rund 2 cm überlappen. Sorgfältig an den Formenrand drücken und mit einer Gabel Rillen hineindrücken. Nach Belieben aus Blätterteigresten Verzierungen gestalten und mit etwas verquirltem Eigelb dekorativ auf die Oberfläche kleben. Mit dem restlichen verquirlten Ei die Oberfläche bestreichen. Auf der mittleren Schiene ca. 35 Minuten goldbraun backen.

Zubereitungszeit: ca. 60 Minuten (plus Gar- und Backzeit)
Pro Portion ca. 1071 kcal/4497 kJ
69 g E, 71 g F, 61 g KH

REZEPTVERZEICHNIS

WILDSCHWEINPFEFFER

mit Risotto und Steinpilzen

1| Das Fleisch waschen, trocken tupfen, parieren und in ca. 4 cm große Würfel schneiden. Lauch waschen, putzen und halbieren. Sellerie und Möhren waschen, schälen, putzen und in grobe Stücke schneiden. Schalotten und Knoblauch schälen und hacken. Den Speck in Streifen schneiden.

2| Das Olivenöl in einem Bräter erhitzen. Das Fleisch mit Mehl bestäuben und mit dem Speck von allen Seiten kräftig anbraten, dann salzen und pfeffern. Die Schalotten und den Knoblauch dazurühren. Das Tomatenmark unterrühren. Das Gemüse hinzugeben und kurz anschwitzen. Mit Rotwein ablöschen, den Wildfond dazugießen, Lorbeerblatt und Bouquet garni einlegen. Aufkochen lassen, dann bei milder Hitze mit geschlossenem Deckel ca. 1 ½ Stunden simmern lassen.

3| Während der Garzeit des Wildschweinpfeffers den Risotto und die Pilze zubereiten. Für den Risotto den Dinkel abspülen. Zwiebel schälen und hacken. Beides in einen Topf geben und mit Wasser bedecken. Ca. 45 Minuten bei mittlerer Hitze gar kochen, dann abgießen und erneut in den Topf geben. Die Sahne hinzugießen und alles aufkochen lassen. Die Herdplatte abschalten, Parmesan und Butter unterrühren und alles mit Salz und Pfeffer abschmecken.

4| Die Steinpilze putzen, feucht abreiben und in Scheiben von ½ cm Dicke schneiden. Das Olivenöl in einer Pfanne erhitzen und die Steinpilzscheiben von beiden Seiten knusprig braten. Salzen, pfeffern und nach Belieben mit Zitronensaft abschmecken.

5| Nach Ende der Garzeit den Wildschweinpfeffer durch ein Sieb in einen Topf abgießen, das Gemüse und die Kräuter aus dem Sieb entfernen. Für die Sauce den Fond auf hoher Hitze sirupartig einkochen lassen. Mit Salz und Pfeffer abschmecken, dann vom Herd nehmen und die eiskalte Butter unterrühren. Das Fleisch in die Sauce geben und erhitzen. Wildschweinpfeffer mit Risotto und Steinpilzen servieren.

Für 4 Portionen

Für den Wildschweinpfeffer:

600 g Wildschweinfleisch aus der Schulter
1 Stange Lauch
¼ Knollensellerie
2 Möhren
4 Schalotten
3 Knoblauchzehen
75 g Speck
3 El Olivenöl
1 El Mehl
Salz, Pfeffer
2 El Tomatenmark
750 ml Rotwein
400 ml Wildfond
1 Lorbeerblatt
1 Bouquet garni
50 g eiskalte Butter

Für den Dinkel-Risotto:

300 g Dinkel
1 Zwiebel
150 ml Sahne
40 g Parmesan, 2 El Butter
Salz, Pfeffer

Für die Steinpilze:

400 g Steinpilze
3 El Olivenöl
Salz, Pfeffer
etwas Zitronensaft

Zubereitungszeit: ca. 60 Minuten (plus Garzeit)
Pro Portion ca. 1194 kcal/5016 kJ
51 g E, 69 g F, 63 g KH

Tipp

Pies – egal, ob süß oder herzhaft – sind in der britischen Küche sehr beliebt. Klassischerweise wird dabei eine Mischung verschiedener Zutaten unter einer Teigdecke gebacken bzw. geschmort.

SEKUNDENSTEAKS

mit geschmolzenen Tomaten

Für 4 Portionen

Für die Tomaten:
1 kg Kirschtomaten
2 Tl Puderzucker
2 Tl Meersalz
2 getrocknete Chilischoten
2 Bund Thymian
6 Knoblauchzehen
6 El Olivenöl
Pfeffer
Aceto Balsamico

Für das Fleisch:
3 El Butterschmalz
4 El Olivenöl
600 g dünn geschnittene Rinderfiletsteaks
Salz
Pfeffer

Außerdem:
1 Bund Salbei

1| Den Backofen auf 150 °C (Umluft) vorheizen. 2 Backbleche mit Backpapier auslegen. Die Tomaten waschen, trocken tupfen und die Stielansätze entfernen. Alle Tomaten halbieren und auf den Blechen verteilen. Mit dem Puderzucker bestäuben und mit Salz und den zerbröselten Chilischoten bestreuen.

2| Den Thymian waschen und trocken tupfen. Die Zweige auf den Tomaten verteilen. 4 Knoblauchzehen in der Schale andrücken und ebenfalls auf den Tomaten verteilen. Alles mit Olivenöl beträufeln und für ca. 40 Minuten in den Ofen schieben. Nach Garzeitende Knoblauch und Thymian entfernen, die Tomaten in eine vorgewärmte Schüssel geben und mit Salz, Pfeffer und 1 Spritzer Aceto Balsamico abschmecken.

3| Salbei waschen, trocken tupfen und die Blättchen abzupfen. 2 Pfannen erhitzen und das Butterschmalz mit dem Olivenöl darin zerlassen. Die Steaks waschen, trocken tupfen, salzen und pfeffern und von jeder Seite ca. 1 Minute scharf braten. Dann vom Herd nehmen, direkt in Alufolie wickeln und ca. 2 Minuten ruhen lassen. Die Salbeiblättchen im verbliebenen Bratfett kross anrösten. Die Steaks mit den Tomaten anrichten und mit den Salbeiblättchen bestreut servieren. Dazu passt knuspriges Ciabatta.

Zubereitungszeit: ca. 30 Minuten (plus Garzeit)
Pro Portion ca. 487 kcal/2045 kJ
37 g E, 32 g F, 13 g KH

Tipp

Wer das Püree cremiger mag, stampft es einfach noch kleiner und gibt noch etwas mehr Milch dazu.

HÜFTRAGOUT

mit Kardamom-Püree

1| Für das Ragout die Zwiebel schälen und hacken. Das Rindfleisch waschen, trocken tupfen und in ca. 2 cm große Würfel schneiden. Das Butterschmalz erhitzen und das Fleisch darin portionsweise von allen Seiten kräftig anbraten. Herausnehmen und die Hitze reduzieren. Die Zwiebeln im verbliebenen Bratfett mit Speisestärke bestäubt andünsten. Den Rotwein hinzugießen, alles aufkochen und glatt verrühren. Auf die Hälfte einkochen lassen.

2| Das Fleisch und alle Gewürze in den Topf geben, den Rinderfond dazugießen und alles bei geschlossenem Deckel und milder Hitze ca. 90 Minuten sanft garen lassen.

3| Nach ca. 1 Stunde Garzeit die Kartoffeln waschen, schälen und je nach Größe vierteln oder halbieren. In kochendem Salzwasser ca. 15 Minuten gar kochen. Währenddessen die Kardamomkapseln öffnen und die schwarzen Samen mahlen. Die Äpfel schälen, vierteln, das Kerngehäuse entfernen und das Fruchtfleisch würfeln. Mit dem Zucker bestäubt in 1 Esslöffel Butter ca. 5 Minuten andünsten.

4| Die Milch mit dem Kardamom erhitzen. Die Kartoffeln abgießen und stampfen. Die restliche Butter und so viel Kardamom-Milch hinzugießen, bis ein cremiges Püree entstanden ist. Mit Salz abschmecken und die Apfelwürfel unterheben. Das Ragout mit dem Portwein und der Crème fraîche verfeinern und mit Salz abschmecken. Das Ragout mit dem Püree servieren.

Für 4 Portionen

Für das Ragout:

1 rote Zwiebel
1 kg Rindfleisch aus der Hüfte
2 El Butterschmalz
2 El Speisestärke
250 ml Rotwein
1 El eingelegte rosa Pfefferbeeren
2 El eingelegte grüne Pfefferbeeren
1 Tl gemahlener Kreuzkümmel
1 Prise Zimt
1–2 Nelken
300 ml Rinderfond
50 ml Portwein
1 El Crème fraîche
Salz

Für das Püree:

1 ½ kg mehligkochende Kartoffeln
Salz
6 Kardamomkapseln
2–3 Äpfel
1 Prise Zucker
2 El Butter
125 ml Milch

Zubereitungszeit: ca. 50 Minuten (plus Schmorzeit)
Pro Portion ca. 809 kcal/3397 kJ
68 g E, 19 g F, 74 g KH

CAJUN-RÖLLCHEN

mit Ananas-Salsa

Für 4 Portionen

Für die Fleischröllchen:

4 dünne Scheiben Rindfleisch aus der Oberschale (à ca. 160 g)
3 Knoblauchzehen
je 1 Tl weißer Pfeffer, schwarzer Pfeffer, edelsüßes Paprikapulver, Thymian und Chiliflocken
2 Tl Oregano
2 Tl Meersalz
3 El Olivenöl
Öl zum Braten

Für die Ananas-Salsa:

½ Ananas
3 Frühlingszwiebeln
1 rote Paprikaschote
1 rote Chilischote
1 Bund glatte Petersilie
1 Orange
2 Zitronen
Salz
Pfeffer
Zucker

1| Das Fleisch waschen und trocken tupfen. Knoblauch schälen und hacken. Die Gewürze mit dem Meersalz im Blitzhacker mahlen. In einer kleinen Schüssel mit dem Knoblauch und Olivenöl verrühren. Das Fleisch damit einreiben, mit Folie abdecken und bei Zimmertemperatur ca. 1 Stunde ruhen lassen.

2| Für die Ananas-Salsa die Ananas schälen und das harte Mittelstück entfernen. Das Fruchtfleisch in ca. 1 cm große Würfel schneiden. Die Frühlingszwiebeln waschen, trocknen, putzen und in dünne Ringe schneiden. Paprika putzen, innen und außen waschen, trocken tupfen und klein würfeln. Chili halbieren, putzen, waschen, trocken tupfen und in Scheiben schneiden. Die Petersilie waschen, trocken schleudern, die Blättchen abzupfen und nicht zu fein hacken. Die Zitrusfrüchte auspressen. Alles, bis auf die Petersilienblättchen, miteinander vermengen und mit Salz, Pfeffer und Zucker abschmecken. Abdecken und bis zum Servieren beiseitestellen.

3| Den Backofen auf 225 °C vorheizen. Das Fleisch zu einer festen Rolle formen und mit Küchengarn sorgfältig fixieren. Eine große, ofenfeste Pfanne erhitzen. Das Fleisch mit Öl einreiben und rundherum scharf anbraten, bis das Fleisch überall leicht gebräunt ist. Dann die Pfanne in den Ofen schieben und dort das Fleisch ca. 11 Minuten weitergaren lassen. Herausnehmen, in Alufolie wickeln und ca. 5 Minuten ruhen lassen.

4| Die Petersilie unter die Salsa heben. Die Fleischrolle in Scheiben schneiden und zusammen mit der Salsa servieren. Den ausgetretenen Fleischsaft zum Beträufeln verwenden.

Zubereitungszeit: ca. 40 Minuten (plus Marinier- und Garzeit)
Pro Portion ca. 822 kcal/3453 kJ
77 g E, 49 g F, 17 g KH

TAFELSPITZ

mit Schnittlauchsauce

Tipp

Tafelspitz wird klassischerweise mit Kren (Meerrettich) oder Apfelkren serviert. Dazu 3 säuerliche Äpfel schälen, raspeln und mit 2 Tl Puderzucker, dem Saft von ½ Zitrone, 30 g Meerrettich (frisch gerieben oder aus dem Glas) und etwas Salz verrühren.

Für 4–6 Portionen

Für den Tafelspitz:

1 Zwiebel
750 g Rindsknochen
1 Tafelspitz (ca. 1,8 kg, mit heller Fettschicht)
1 Stange Lauch
je 3 Lorbeerblätter, Pimentkörner und Wacholderbeeren
10 Pfefferkörner
5 Möhren
4 Petersilienwurzeln
½ Knollensellerie
Salz, Pfeffer

Für die Schnittlauchsauce:

2 Scheiben altbackenes Weißbrot
250 ml Milch
2 hart gekochte Eier
2 Bund Schnittlauch
250 g Schmand
100 ml Sonnenblumenöl
Salz, Pfeffer

1| Einen großen Topf erhitzen. Die ungeschälte Zwiebel halbieren. Mit den Schnittflächen nach unten in dem heißen Topf ohne Öl dunkelbraun rösten. Mit 5 Litern kaltem Wasser auffüllen und die abgespülten Knochen hineinlegen. Aufkochen lassen.

2| Den Tafelspitz waschen, trocken tupfen, parieren, die Fettschicht jedoch belassen. Den Lauch waschen, putzen und längs halbieren. Das Fleisch mit dem Lauch und den Gewürzen in den Topf geben, die Hitze reduzieren und alles ca. 3 Stunden knapp unter dem Siedepunkt köcheln lassen, dabei immer wieder den entstehenden Schaum abschöpfen. Nach ca. 1 Stunde den Lauch entfernen. Das Wurzelgemüse putzen, schälen und in nicht zu kleine Würfel schneiden. Ca. 30 Minuten vor Ende der Garzeit zum Fleisch geben und in der Brühe garen lassen.

3| Nach Ende der Garzeit die Garprobe machen: Dazu das Fleisch mit einer Fleischgabel einstechen und senkrecht aus der Suppe heben – wenn das Fleisch von der Gabel rutscht, ist es gar. Das Fleisch herausnehmen, die Suppe durch ein Sieb in einen Topf abgießen. Mit Salz und Pfeffer abschmecken. Das Fleisch und das Wurzelgemüse wieder in die heiße Brühe geben.

4| Für die Schnittlauchsauce das Brot entrinden, würfeln und in der Milch einweichen, dann gut ausdrücken. Die Eier hacken. Den Schnittlauch waschen, trocken tupfen und in Ringe schneiden. Brot und Eier zusammen mit Schmand und Öl pürieren. Mit Salz und Pfeffer abschmecken. Den Schnittlauch unterrühren.

5| Den Tafelspitz aus der Brühe heben und in dünne Scheiben schneiden. Mit etwas Brühe, Wurzelgemüse und der Schnittlauchsauce servieren. Dazu passen Rösti.

Zubereitungszeit: ca. 50 Minuten (plus Garzeit)
Bei 4 Portionen pro Portion ca. 1142 kcal/4797 kJ
109 g E, 65 g F, 46 g KH

CHATEAUBRIAND

mit Wasabischaum

1| Das Fleisch waschen, trocken tupfen und in eine Schüssel legen. 1 Teelöffel Pfefferkörner und die Lorbeerblätter im Blitzhacker zerkleinern. Mit dem Salz mischen und das Fleisch damit einreiben. Die Schüssel abdecken und das Fleisch über Nacht im Kühlschrank ruhen lassen.

2| Am nächsten Tag die Kräuter waschen und trocken tupfen. Möhren und Petersilienwurzeln putzen, schälen und längs vierteln. Dann in ca. 3 cm lange Stücke schneiden. Den Staudensellerie waschen, trocken tupfen, putzen und in schräge Stücke schneiden. Den Lauch waschen, trocken tupfen, putzen und in Ringe schneiden.

3| Den Rinderfond mit den restlichen Pfefferkörnern und den Kräutern aufkochen. Das Fleisch unter kaltem Wasser abspülen. Dann mit Küchengarn an einem Kochlöffelstiel befestigen. So in den Topf hängen, dass es frei in dem Fond schwebt, damit es gleichmäßig garen kann. Die Hitze reduzieren, sodass der Fond nicht mehr sprudelnd kocht. Das Fleisch im siedenden Fond ca. 35 Minuten pochieren. In den letzten 10 Minuten das Gemüse hinzugeben und bissfest garen.

4| Währenddessen den Wasabischaum zubereiten. Dafür das Brötchen fein würfeln. Mit Essig, Zitronensaft und Wasabi-Paste verrühren und ca. 10 Minuten ziehen lassen. Die Sahne halb steif schlagen und unterheben. Mit Salz, Pfeffer und 1 Prise Zucker abschmecken.

5| Das Fleisch aus dem Fond heben, in Alufolie wickeln und ca. 10 Minuten ruhen lassen. Den Fond durch ein Sieb in ein Gefäß abgießen. Ca. 200 ml des Fonds abmessen, aufkochen, ca. 5 Minuten einkochen, dann die eiskalte Butter unterrühren. Mit Salz und Pfeffer abschmecken. Das Fleisch mit Gemüse, etwas Fond und dem Wasabischaum servieren. Dazu passen Salzkartoffeln.

Zubereitungszeit: ca. 40 Minuten (plus Ruhe- und Pochierzeit)
Pro Portion ca. 910 kcal/3823 kJ
114 g E, 40 g F, 21 g KH

Für 4 Portionen

Für das Fleisch:
1 kg Chateaubriand
2 Tl Pfefferkörner
2 Lorbeerblätter
60 g grobes Meersalz
1 Bund Thymian
½ Bund glatte Petersilie
4 Möhren
4 Petersilienwurzeln
4 Stangen Staudensellerie
2 Stangen Lauch
2 l Rinderfond
50 g eiskalte Butter
Salz, Pfeffer

Für den Wasabischaum:
1 altbackenes Brötchen
1 El Weißweinessig
1 Tl Zitronensaft
1 gestrichener Tl Wasabi-Paste
150 ml Sahne
Salz, Pfeffer, Zucker

ROSTBRATEN

mit Sellerie-Kräuter-Kruste

1| Für die Kräuterbutter die Butter in eine Schüssel geben. Die Semmelbrösel hinzufügen. Knoblauch schälen und dazupressen. Rosmarin und Petersilie waschen, trocken tupfen und die Nadeln und Blättchen fein hacken. Mit dem geriebenen Parmesan ebenfalls zur Butter geben und mit einer Gabel alles vermengen. Mit Salz und Pfeffer pikant abschmecken. Auf Frischhaltefolie geben, alles zu einer Rolle formen und kalt stellen.

2| Für das Selleriepüree die Butter in einer Pfanne bräunen, dann beiseitestellen. Sellerie putzen und würfeln. Die Sahne in einem Topf erhitzen, Sellerie hinzugeben und die Mischung leicht salzen. Den Sellerie ca. 20 Minuten weich kochen, dann mit einer Schaumkelle herausheben und pürieren. So viel Butter und Sahne hinzugeben, bis eine cremige, aber nicht zu weiche Masse entstanden ist. Mit Salz, Pfeffer und Muskat abschmecken.

3| Den Backofengrill vorheizen. Ein Backblech mit Backpapier auslegen. Das Fleisch waschen, trocken tupfen und etwas flach drücken. Salzen und pfeffern. Das Butterschmalz in einer Pfanne erhitzen. Die Steaks von beiden Seiten ca. 2 Minuten braten. Herausnehmen und auf das Backblech legen.

4| Das Selleriepüree ca. 1 cm hoch auf die Steaks streichen. Die Kräuterbutter in Scheiben darauf verteilen. Auf der mittleren Schiene ca. 10 Minuten in den Ofen schieben, bis sich eine goldbraune Kruste gebildet hat. Dazu passen Bohnen.

Für 4 Portionen

Für die Kräuterbutter:
120 g weiche Butter
60 g Semmelbrösel
1 Knoblauchzehe
1 Zweig Rosmarin
3 Stängel Petersilie
40 g Parmesan
Salz
Pfeffer

Für das Selleriepüree:
50 g Butter
½ Knollensellerie
100 ml Sahne
Salz
Pfeffer
Muskatnuss

Für das Fleisch:
4 Rinderfiletsteaks (à ca. 150 g)
Salz
Pfeffer
2 El Butterschmalz

Zubereitungszeit: ca. 40 Minuten (plus Kochzeit)
Pro Portion ca. 725 kcal/3045 kJ
35 g E, 57 g F, 15 g KH

T-BONE-STEAKS

mit Bulgursalat

Für 4 Portionen

Für den Bulgursalat:
150 g Bulgur
Salz
250 g Kirschtomaten
75 g schwarze Oliven ohne Stein
1 rote Zwiebel
1 Bund glatte Petersilie
2 El frisch gepresster Zitronensaft
125 ml Olivenöl
Pfeffer

Für das Fleisch:
1 Bund Basilikum
1 Bund Oregano
3 Zweige Rosmarin
150 ml Olivenöl
4 Knoblauchzehen
4 T-Bone-Steaks (à ca. 500 g)
Salz
Pfeffer

1| Für den Bulgursalat den Bulgur in einem Sieb mit klarem Wasser abspülen, dann in eine Schüssel geben und knapp mit kochendem, leicht gesalzenem Wasser bedecken. Die Schüssel beiseitestellen, bis der Bulgur das Wasser aufgesogen hat und abgekühlt ist.

2| In der Zwischenzeit die Tomaten waschen, trocknen, putzen und halbieren. Die Oliven waschen, trocken reiben und halbieren. Die Zwiebel schälen und fein hacken. Die Petersilie waschen, trocken schleudern und die Blättchen ebenfalls fein hacken. Alle Zutaten mitsamt dem Zitronensaft und dem Olivenöl unter den Bulgur heben. Mit Salz und Pfeffer abschmecken, dann alles abgedeckt bei Zimmertemperatur ca. 30 Minuten ziehen lassen.

3| Den Backofen auf 175 °C vorheizen. Ein Backblech mit Backpapier auslegen. Für die Steaks die Kräuter waschen und trocken schleudern. Die Blättchen und Nadeln abzupfen und mit 125 ml Olivenöl pürieren. Knoblauch schälen, hacken und unter die Kräutermischung rühren.

4| Die Steaks salzen und mit dem restlichen Olivenöl einreiben. Eine Grillpfanne erhitzen. Die Steaks von jeder Seite ca. 2 Minuten grillen (sobald die Steaks gewendet sind, die Oberseiten mit dem Kräuteröl bestreichen). Die Steaks aus der Pfanne nehmen und auf das Backblech legen, dabei wenden. Das Kräuteröl auf den Steaks verteilen, pfeffern und die Steaks auf der mittleren Schiene ca. 7 Minuten fertig garen. Dann herausnehmen, in Alufolie wickeln und ca. 5 Minuten ruhen lassen.

5| Den Bulgursalat nochmals durchmischen und abschmecken. Die Steaks mit dem Sud, der sich in der Alufolie gebildet hat, und dem Bulgursalat servieren.

Zubereitungszeit: ca. 40 Minuten (plus Zeit zum Ziehen)
Pro Portion ca. 1135 kcal/4765 kJ
61 g E, 86 g F, 31 g KH

RUMPSTEAKS

mit Kapern-Salsa

1| Für die Salsa die Kapern in einem Sieb abtropfen lassen. Die getrockneten Tomaten und die Oliven hacken. Das Sardellenfilet abspülen, trocken tupfen und hacken. Die Knoblauchzehen schälen und hacken. Paprika putzen, waschen, trocken tupfen und fein würfeln. Alles in einer Schale mit Olivenöl und Essig verrühren. Bei Zimmertemperatur abgedeckt mindestens 30 Minuten ziehen lassen. Die Petersilie waschen, trocken schleudern und hacken. Kurz vor dem Servieren unter die Salsa heben. Mit Salz und Pfeffer abschmecken.

2| Die Fettschicht der Steaks einschneiden, damit sich das Fleisch nicht wellt. Beide Seiten salzen. Olivenöl in einer Pfanne erhitzen und das Fleisch von beiden Seiten ca. 4 Minuten kräftig braten, dabei nur einmal wenden, damit sich eine schöne Kruste bildet. Sobald das Fleisch gewendet wurde, kräftig pfeffern. Fleisch aus der Pfanne nehmen und sofort in Alufolie wickeln. Ca. 5 Minuten ruhen lassen.

3| Das Fleisch mit dem ausgetretenen Fleischsaft und der Salsa servieren. Dazu passen gebratener Fenchel und knuspriges Weißbrot.

Für 4 Portionen

Für die Salsa:
2 El kleine Kapern (aus dem Glas)
50 g getrocknete Tomaten (in Öl)
50 g schwarze Oliven ohne Stein
1 Sardellenfilet
2 Knoblauchzehen
½ rote Paprikaschote
50 ml Olivenöl
1 El Rotweinessig
½ Bund glatte Petersilie
Salz
Pfeffer

Für das Fleisch:
4 Rumpsteaks (à ca. 200 g)
Meersalz
3 El Olivenöl
Pfeffer

Zubereitungszeit: ca. 30 Minuten (plus Zeit zum Ziehen)
Pro Portion ca. 495 kcal/2078 kJ
45 g E, 32 g F, 6 g KH

RINDSROULADEN

klassisch gefüllt

Für 4 Portionen

4 dünne Scheiben Rindfleisch aus der Oberschale (à ca. 160 g)
Salz
Pfeffer
4 Tl scharfer Senf
4 dünne Scheiben Bauchspeck
2 Gewürzgurken
2 Möhren
½ Knollensellerie
1 Stange Lauch
3 El Butterschmalz
1 El Tomatenmark
200 ml trockener Rotwein
500 ml Rinderbrühe
1 kleine, festkochende Kartoffel
1 Bund Petersilie
1 Bund Thymian
1 Lorbeerblatt
70 g kalte Butter

1| Den Backofen auf 160 °C vorheizen. Das Fleisch waschen, trocken tupfen, salzen und pfeffern. Mit je 1 Teelöffel Senf bestreichen und mit 1 Scheibe Speck belegen. Die Gurken in feine Streifen schneiden und auf dem Speck verteilen. Möhren und Sellerie putzen und schälen. 1 Möhre und die Hälfte des Selleries raspeln, den Rest grob würfeln. Den Lauch waschen, trocknen, putzen und in feine Ringe schneiden. Die Gemüseraspel und den Lauch in einer Schüssel mischen. Jeweils 1 guten Esslöffel der Füllung auf den Rouladen verteilen. Das Fleisch fest aufrollen und mit Küchengarn fixieren.

2| Das Butterschmalz in einem Bräter erhitzen. Die Rouladen von allen Seiten braun anbraten. Das Tomatenmark dazurühren und kurz anrösten. Mit Wein und Brühe ablöschen. Die Kartoffel waschen, schälen und hineinraspeln, das restliche Gemüse ebenfalls hinzugeben. Die Kräuter waschen, trocken schütteln und in die Flüssigkeit legen. Die Rouladen zugedeckt ca. 2 Stunden im Ofen garen.

3| Das Fleisch aus dem Bräter nehmen und warm halten. Den Sud durch ein Sieb passieren. Eine Kelle des Wurzelgemüses mit etwas Sud pürieren, dann in den restlichen Sud rühren – so wird die Sauce schön sämig. Die kalte Butter in kleinen Stückchen darunterrühren. Mit Salz und Pfeffer abschmecken. Dazu passt cremiges Kartoffelpüree.

Variante:

Das Fleisch salzen und pfeffern. 500 g gemischtes Hackfleisch mit 1 gehackten Zwiebel und 2 gehackten Knoblauchzehen, 1 Esslöffel scharfem Senf, Salz, Pfeffer und Paprikapulver mischen. Auf den Rouladen verteilen. Diese anbraten. 2 Esslöffel Tomatenmark dazugeben und 1 Bund in Stücke geschnittenes Suppengrün. Alles mit Brühe und Rotwein ablöschen. 1 Kartoffel dazuraspeln, dann weiterverfahren wie im Rezept oben angegeben.

Zubereitungszeit: ca. 50 Minuten (plus Schmorzeit)
Pro Portion ca. 687 kcal/2883 kJ
47 g E, 45 g F, 15 g KH

ROASTBEEF

mit Salsa verde

Für 4 Portionen

Für das Fleisch:
1,2 kg Roastbeef
Salz
2 El Senf
2 Tl Pfefferkörner
1 Tl Pimentbeeren
2 El Butterschmalz

Für die Salsa verde:
je ½ Bund glatte Petersilie und Basilikum
1 Knoblauchzehe
2 Schalotten
2 Gewürzgurken
2 El kleine Kapern
1 Tl scharfer Senf
1 El Weißweinessig
200 ml Olivenöl
Salz
Pfeffer

1| Den Backofen auf 80 °C vorheizen. Das Roastbeef waschen, trocken tupfen, die Fettschicht rautenförmig einschneiden, salzen und mit Senf bestreichen. Dann die Gewürze im Mörser grob zerstoßen und auf dem Fleisch verteilen. Das Butterschmalz in einer Pfanne erhitzen und das Roastbeef von allen Seiten scharf anbraten. Herausnehmen und auf einem Ofenrost auf der mittleren Schiene ca. 2 ½ Stunden sanft garen (die Kerntemperatur sollte 53 °C betragen). Den Braten herausnehmen, in Alufolie wickeln und ca. 10 Minuten ruhen lassen.

2| Während das Fleisch gart, die Sauce zubereiten. Dazu die Kräuter waschen, trocken schütteln und die Blättchen hacken. Knoblauch und Schalotten schälen und fein hacken. Die Gewürzgurken klein würfeln. Alles mit den Kapern in einer Schüssel mischen. Senf und Essig mit dem Öl verquirlen. Über die Kräutermischung geben und unterrühren. Zum Schluss mit Salz und Pfeffer abschmecken. Das Fleisch in dünne Scheiben schneiden und mit der Sauce servieren. Dazu passen Bratkartoffeln.

Varianten:

Servieren Sie das Fleisch neben der Salsa verde mit zwei weiteren Saucen: Für eine *Sauce Béarnaise* erhitzen Sie 200 g Butter in einer Pfanne, bis sich Schaum bildet (die Butter soll jedoch nicht bräunen). Den Schaum abschöpfen und die Butter somit klären. Leicht abkühlen lassen. 1 gehackte Schalotte und 1 Tl weißen Pfeffer mit 1 El Estragon, 3 El Estragonessig und 100 ml Weißwein in einen Topf geben und um ⅔ einkochen lassen. Abkühlen lassen, dann passieren. 4 Eigelb im heißen Wasserbad mit dem Weißweinsud schaumig aufschlagen. Die geklärte, lauwarme Butter in dünnem Strahl dazufließen lassen, bis eine cremige Sauce entsteht. Nicht zu hoch erhitzen, da sonst das Ei gerinnt. Die Sauce mit Salz, Pfeffer und 1 Spritzer Zitronensaft abschmecken. Restlichen Estragon und den Kerbel unterrühren.
Sehr gut schmeckt zum Roastbeef auch eine *Meerrettich-Sabayon*: Dazu 3 Eigelb mit 100 ml Weißwein im heißen Wasserbad schaumig aufschlagen. Salzen, pfeffern und 2 El Sahnemeerrettich unterrühren.

Zubereitungszeit: ca. 60 Minuten (plus Garzeit)
Pro Portion ca. 856 kcal/3595 kJ
67 g E, 64 g F, 4 g KH

RINDSGULASCH

mit Polentastiften

1| Für das Gulasch das Rindfleisch waschen, trocken tupfen, parieren und in 3–4 cm große Würfel schneiden. Die Zwiebeln schälen und würfeln. Das Butterschmalz in einem großen Schmortopf erhitzen. Das Fleisch darin portionsweise von allen Seiten anbraten, bis es zart gebräunt ist. Die Hitze reduzieren. Dann das gesamte Fleisch in den Topf geben, das Tomatenmark dazugeben und kurz anrösten. Die Zwiebeln hinzugeben und ca. 5 Minuten schmoren. Beide Sorten Paprikapulver hinzurühren und alles mit der Hühnerbrühe ablöschen. Aufkochen lassen, dann die Hitze reduzieren und das Gulasch bei geschlossenem Deckel ca. 2 ½ Stunden siedend garen.

2| Ca. 30 Minuten vor Garzeitende 2 Schöpfkellen Flüssigkeit mit Zwiebelstücken aus dem Topf nehmen und pürieren, dann wieder zurück in den Topf geben (das macht die Sauce noch sämiger). Knoblauch schälen und hacken. Majoran waschen, trocken tupfen und die Blättchen abzupfen. Den Kümmel hacken. Alles zusammen mit der Zitronenschale zum Gulasch geben, dann mit Salz abschmecken.

3| Für die Polentastifte die Milch mit 1 Prise Salz und der Zitronenschalenspirale unter Rühren aufkochen. Polenta hineinrieseln lassen, dabei kräftig mit dem Kochlöffel umrühren. So lange auf dem Herd belassen, bis die Masse sehr dick geworden ist. Die Herdplatte auf die kleinste Stufe stellen, den Topf vom Herd nehmen. Nacheinander die Eier unter die Maismasse rühren. Dann die Mischung erneut auf den Herd stellen und unter Rühren ca. 5 weitere Minuten garen lassen. Die Mischung fingerdick auf Backpapier streichen und erkalten lassen. Dann in ca. 10 cm lange, fingerdicke Stifte schneiden. Butter in einer Pfanne zerlassen und die Polentastifte bei milder Hitze von allen Seiten goldgelb braten. Das Gulasch mit den Polentastiften servieren.

Für 4 Portionen

Für das Gulasch:

1 kg Rindfleisch aus der Wade oder dem Nacken
1 kg Zwiebeln
2 El Butterschmalz
1 El Tomatenmark
2 El Paprikapulver edelsüß
1 El Paprikapulver rosenscharf
200 ml Hühnerbrühe
3 Knoblauchzehen
1 Bund Majoran
1 Tl Kümmel
abgeriebene Schale von ½ unbehandelten Zitrone
Salz

Für die Polentastifte:

1 l Milch
Salz
1 Schalenspirale von 1 unbehandelten Zitrone
200 g Polenta (Maisgrieß)
4 Eier
2 El Butter

Zubereitungszeit: ca. 40 Minuten (plus Garzeit)
Pro Portion ca. 883 kcal/3707 kJ
80 g E, 34 g F, 59 g KH

OCHSENFILET

mit Senf-Kräuter-Kruste

Für 4 Portionen

Für die Senf-Kräuter-Kruste:
80 g Weißbrot ohne Rinde vom Vortag
1 Bund glatte Petersilie
1 Bund Thymian
3 Schalotten
3 Tl gelbe Senfkörner
2 El Butter
Salz

Für das Fleisch:
4 Ochsenfiletsteaks (à ca. 200 g)
Salz
Pfeffer
2 El Butterschmalz

Für den Rotweinjus:
180 ml kräftiger, trockener Rotwein
2 Zweige Thymian
Salz
Pfeffer
2 El eiskalte Butter

1| Für die Senf-Kräuter-Kruste das Weißbrot reiben. Petersilie und Thymian waschen, trocken tupfen und die Blättchen hacken. Die Schalotten schälen und fein hacken. Die Senfkörner im Blitzhacker fein mahlen. Die Butter in einer Pfanne erhitzen und die Schalotten darin andünsten. In eine Schüssel füllen und mit den anderen Zutaten der Senfkruste vermengen. Die Masse mit Salz abschmecken.

2| Den Backofengrill vorheizen. Die Steaks waschen, trocken tupfen, salzen und pfeffern. Das Butterschmalz erhitzen und die Steaks bei mittlerer Hitze von jeder Seite ca. 4 Minuten braten. Herausnehmen und ca. 2 Minuten in Alufolie gewickelt ruhen lassen.

3| Für den Rotweinjus den Bratensatz mit Rotwein ablöschen. Thymian waschen und trocken tupfen. In den Rotwein legen und alles bei hoher Hitze um die Hälfte einkochen lassen.

4| Die Steaks aus der Folie nehmen. Die Senfmischung darauf verteilen und andrücken. Die Steaks unter dem Grill 2–3 Minuten goldbraun gratinieren. Den Rotweinjus mit Salz und Pfeffer abschmecken. Die Butter unterrühren. Die Steaks mit dem Jus servieren. Dazu passt mediterranes Ofengemüse.

Zubereitungszeit: ca. 30 Minuten
Pro Portion ca. 458 kcal/1925 kJ
44 g E, 23 g F, 11 g KH

POCHIERTES FILET

mit Petersilienwurzelpüree

Für 4 Portionen

Für das Püree:
1 kg Petersilienwurzel
Salz
200 ml Sahne
Muskatnuss
Pfeffer
20 g Butter

Für das Fleisch und die Sauce:
4 Rinderfiletsteaks (à ca. 200 g)
500 ml Hühnerbrühe
500 ml Rotwein
8 Knoblauchzehen
1 Bund Thymian
10 Pfefferkörner
80 g Butter

1| Für das Püree die Petersilienwurzeln waschen, putzen, schälen und würfeln. In ausreichend kochendem Salzwasser ca. 20 Minuten weich kochen. In ein Sieb abgießen.

2| Die Steaks waschen und trocken tupfen. Hühnerbrühe mit Rotwein und den Knoblauchzehen in der Schale in einen ausreichend großen Topf geben, in dem die Filetsteaks nebeneinander Platz finden. Thymian waschen und mit den Pfefferkörnern in den Topf geben. Alles aufkochen. Die Hitze reduzieren, die Steaks in den Sud geben und ca. 7 Minuten pochieren. Herausnehmen und in Alufolie wickeln. Den Sud aufbewahren.

3| Um das Püree fertigzustellen, die Sahne aufkochen. Die Petersilienwurzelwürfel hineingeben und etwas Muskatnuss hineinreiben. Alles cremig pürieren, dann mit Salz und Pfeffer abschmecken und die Butter hineinrühren.

4| Für die Sauce von dem Rotweinsud 150 ml abnehmen, in einer Pfanne bei starker Hitze 5 Minuten einkochen lassen, dann die Butter hineinrühren. Die Steaks mit Püree und Rotweinsauce servieren. Dazu passt gebratener Spargel.

Zubereitungszeit: ca. 40 Minuten
Pro Portion ca. 681 kcal/2861 kJ
48 g E, 45 g F, 13 g KH

Tipp

Die Petersilienwurzel ist eine alte Gemüsesorte, die in der letzten Zeit eine Renaissance erlebt hat. Das Wintergemüse hat einen kräftig-würzigen Geschmack, lässt sich vielseitig zubereiten und ist sehr gesund.

KALB

Kalbfleisch punktet mit seiner zarten Struktur und seinem milden Geschmack – hier finden Sie die schönsten Genießerrezepte.

OSSOBUCO

mit Zitrus-Gremolata

Für 4 Portionen

Für das Fleisch:
2 Möhren
2 Stangen Staudensellerie
3 Zwiebeln
3 Knoblauchzehen
750 g Fleischtomaten
3 El Butterschmalz
4 Kalbshaxenscheiben (ca. 1,8 kg)
2 El Mehl
5 El Olivenöl
2 El Tomatenmark
250 ml Weißwein
200 ml Rinderbrühe
Salz
Pfeffer
je 3 Zweige Thymian und Oregano
2 Lorbeerblätter

Für die Gremolata:
2 unbehandelte Zitronen
1 großer Bund glatte Petersilie
4 Knoblauchzehen
Pfeffer

1| Für das Ossobuco die Möhren putzen, schälen und klein würfeln. Staudensellerie waschen, trocknen, putzen, ebenfalls klein würfeln. Zwiebeln und Knoblauch schälen und hacken. Die Tomaten waschen, die Stielansätze entfernen und die Früchte auf der gegenüberliegenden Seite einritzen. Überbrühen, häuten und entkernen. Das Fruchtfleisch würfeln.

2| Das Butterschmalz in einem Bräter erhitzen und Möhren, Staudensellerie und Zwiebeln darin ca. 5 Minuten anbraten. Den Knoblauch hinzugeben, kurz anschwitzen, dann das Gemüse aus dem Bräter nehmen und beiseitestellen.

3| Den Backofen auf 175 °C vorheizen. Die Kalbshaxenscheiben waschen, trocken tupfen, von allen Seiten mit Mehl bestäuben und mit Küchengarn rund in Form binden. Das Olivenöl im Bräter erhitzen und das Fleisch von beiden Seiten braun anbraten. Das Tomatenmark zugeben und kurz anrösten. Das Fleisch herausnehmen. Überschüssiges Öl aus dem Bratensatz weggießen (durch das Knochenmark in den Haxen wird die Mischung sonst zu ölig).

4| Den Wein in den Bratensatz geben. Diesen loskochen und die Mischung fast ganz einkochen lassen. Nun die Rinderbrühe hinzugießen. Alles verrühren und die gewürfelten Tomaten dazugeben. Alles aufkochen, salzen und pfeffern. Fleisch und Gemüse hinzugeben.

5| Thymian und Oregano waschen und trocken tupfen. Mit den Lorbeerblättern in den Bräter geben. Alles bei geschlossenem Deckel ca. 2 ½ Stunden sanft schmoren, dabei immer mal wieder das Fleisch mit der Sauce übergießen.

6| Für die Gremolata die Zitronen heiß waschen, trocknen, die Schale abreiben, dann nochmals fein hacken. Die Petersilie waschen, trocken schleudern und die Blättchen fein hacken. Knoblauch schälen und fein hacken. Alle 3 Zutaten in einer Schüssel mischen und mit Pfeffer bestäuben. Das Fleisch mit der Gemüsesauce servieren und mit Gremolata bestreuen. Klassischerweise wird dazu als Beilage Risotto milanese serviert.

Zubereitungszeit: ca. 60 Minuten (plus Garzeit)
Pro Portion ca. 829 kcal/3480 kJ
92 g E, 37 g F, 19 g KH

KALBSRAGOUT

mit grünen Oliven

Für 4 Portionen

100 g Pinienkerne
½ Bund Salbei
700 g Kalbsfilet
5 El Olivenöl
50 g Butter
2 El Tomatenmark
Salz
Pfeffer
150 ml trockener Weißwein
2 Lorbeerblätter
150 g grüne Oliven ohne Stein

1| Die Pinienkerne in einer Pfanne ohne Fett goldgelb anrösten, dann beiseitestellen. Den Salbei waschen, trocken tupfen und die Blättchen abzupfen.

2| Das Kalbsfilet waschen, trocken tupfen und in Würfel von ca. 3 cm Kantenlänge schneiden. Das Olivenöl in einer Pfanne erhitzen. Die Butter darin zerlassen. Das Fleisch portionsweise darin von allen Seiten kräftig anbraten, bis es zart gebräunt ist. Das Fleisch komplett aus der Pfanne nehmen, dann das Tomatenmark darin anbraten.

3| Das gesamte Fleisch zurück in die Pfanne geben, salzen und pfeffern. Den Weißwein dazugießen. Salbei- und Lorbeerblätter dazugeben und alles bei geschlossenem Deckel ca. 10 Minuten sanft schmoren. Zum Schluss die Oliven hinzugeben und erhitzen. Mit Pinienkernen bestreut servieren. Dazu passt knuspriges Weißbrot.

Zubereitungszeit: ca. 20 Minuten (plus Schmorzeit)
Pro Portion ca. 720 kcal/3023 kJ
40 g E, 57 g F, 7 g KH

KALBKOTELETTS

mit Rucola-Walnuss-Salat

1| Für den Salat die Walnüsse in einer Pfanne ohne Fett anrösten, dann den Ahornsirup darüberträufeln und alles kurz karamellisieren lassen. Mit etwas Fleur de Sel bestreuen, dann herausnehmen, abkühlen lassen und grob hacken. Den Rucola putzen, waschen, trocken schleudern und in mundgerechte Stücke teilen.

2| Den Backofen auf 120 °C vorheizen. Backblech mit Backpapier auslegen. 2 Bratpfannen erhitzen. Die Koteletts waschen, trocken tupfen, salzen, pfeffern und im heißen Olivenöl von jeder Seite ca. 2 Minuten braten. Herausnehmen, auf das Backblech legen und für ca. 9 Minuten in den Ofen schieben. Herausnehmen und für ca. 5 Minuten in Alufolie gewickelt ruhen lassen.

3| Für das Dressing die Kapern abspülen und abtropfen lassen. Zitronensaft und Olivenöl verrühren. Die Kapern hinzugeben und das Dressing mit Salz und Pfeffer abschmecken. Den Rucola auf Tellern anrichten. Die karamellisierten Walnüsse daraufstreuen. Die Koteletts darauf anrichten und alles mit dem Dressing beträufeln.

Für 4 Portionen

Für den Salat:
100 g Walnüsse
1 El Ahornsirup
Fleur de Sel
200 g Rucola

Für das Fleisch:
4 Kalbskoteletts (à ca. 225 g)
Salz
Pfeffer
4 El Olivenöl

Für das Dressing:
2 El Kapern
75 ml Zitronensaft
75 ml Olivenöl
Salz
Pfeffer

Zubereitungszeit: ca. 25 Minuten
Pro Portion ca. 673 kcal/2828 kJ
45 g E, 50 g F, 12 g KH

ZÜRCHER GESCHNETZELTES

mit Waldpilzen

Für 4 Portionen

600 g Kalbfleisch (Schnitzel oder Filet)
3 Schalotten
250 g Waldpilze (Maronen, Pfifferlinge oder Steinpilze)
½ Bund glatte Petersilie
2 El Butterschmalz
Salz
Pfeffer
1 El Mehl
100 ml Weißwein
250 ml Kalbsfond
200 ml Sahne

1| Das Kalbfleisch waschen, trocken tupfen und in dünne Scheiben, dann in Streifen schneiden. Die Schalotten schälen und hacken. Die Pilze putzen, feucht abreiben und in nicht zu dünne Scheiben schneiden. Die Petersilie waschen, trocken schütteln und die Blättchen nicht zu fein hacken.

2| Die Hälfte des Butterschmalzes in einer Pfanne zerlassen. Das Fleisch sanft salzen und pfeffern. Hauchdünn mit Mehl bestäuben. Bei mittlerer Hitze portionsweise in der Pfanne 1–2 Minuten anbraten. Dabei auch das restliche Butterschmalz verwenden.

3| Das angebratene Fleisch herausnehmen und beiseitestellen. Die Hitze erhöhen und die Waldpilze im verbliebenen Bratfond kräftig ca. 2 Minuten anbraten. Herausnehmen und zum Fleisch geben.

4| Die Schalotten in die Pfanne geben. Kurz andünsten, sie sollten auf keinen Fall bräunen. Mit Weißwein ablöschen und den Fond hinzugießen. Offen ca. 5 Minuten kochen lassen. Die Sahne hinzurühren und den ausgetretenen Fleischsaft dazugießen. Alles aufkochen und ca. 5 Minuten köcheln lassen. Mit Salz und Pfeffer abschmecken, dann Fleisch und Pilze hineingeben und in der Sauce erwärmen. Kurz vor dem Servieren die Petersilie unterrühren.

Beilagenempfehlung:

Klassischerweise werden zum Zürcher Geschnetzelten Rösti serviert. Dazu 800 g gekochte, festkochende Pellkartoffeln vom Vortag grob raspeln. Mit Salz und Pfeffer würzen. In einer Pfanne 60 g Butter zerlassen, Kartoffeln darin verteilen und etwas andrücken. Bei schwacher Hitze unter mehrmaligem Rühren ca. 10 Minuten braten, dann zu einem kompakten Fladen zusammendrücken. Nach Bedarf weitere Butter hinzufügen. Mit einem Teller bedeckt braten, bis sich auf der Unterseite eine goldgelbe Kruste gebildet hat. Wenden und auf der zweiten Seite goldbraun braten.

Zubereitungszeit: ca. 35 Minuten
Pro Portion ca. 410 kcal/1723 kJ
36 g E, 25 g F, 6 g KH

HASELNUSS-SCHNITZEL

mit Paprikagemüse

1| Für das Fleisch das Weißbrot zerkrümeln. Mit den Haselnüssen, Thymianblättchen und den Eigelben in einer Schüssel mischen. Die Butter darunterrühren. Alles mit Kreuzkümmel, Salz und weißem Pfeffer verrühren. Die Schnitzel waschen, trocken tupfen, flach klopfen, salzen und pfeffern. 1 Seite mit der Haselnuss-Paste bestreichen. Für ca. 1 Stunde abgedeckt kühl stellen.

2| Für das Gemüse die Paprikaschoten putzen, innen und außen waschen, trocken tupfen und in Streifen schneiden. Die Zwiebel und den Knoblauch schälen und hacken. Die Chilischote putzen, innen und außen waschen, trocken tupfen und in dünne Scheiben schneiden.

3| Den Backofen auf 200 °C vorheizen. Ein Backblech mit Backpapier auslegen. Das Olivenöl erhitzen, dann Paprika, Zwiebeln, Knoblauch und Chili hinzugeben. Ca. 5 Minuten dünsten, dann salzen, pfeffern, die Thymianblättchen und den Weißwein zugeben. Bei milder Hitze mit geschlossenem Deckel ca. 15 Minuten schmoren.

4| Die Unterseite der Fleischscheiben mit Mehl bestäuben. 2 Pfannen erhitzen und das Olivenöl hineingeben. Die Schnitzel mit der mehlierten Seite nach unten ca. 2 Minuten braten. Herausnehmen und mit der Kruste nach oben auf dem Backblech verteilen. Auf der oberen Schiene ca. 5 Minuten knusprig backen. Die Schnitzel mit dem Paprikagemüse servieren.

Für 4 Portionen

Für das Fleisch:

75 g altbackenes Weißbrot ohne Rinde
75 g gemahlene Haselnüsse
1 Tl frisch gehackte Thymianblättchen
2 Eigelb
100 g weiche Butter
½ Tl gemahlener Kreuzkümmel
Salz
weißer Pfeffer
8 Kalbsschnitzel aus der Oberschale (à ca. 75 g)
2 El Mehl
6 El Olivenöl

Für das Paprikagemüse:

3 rote Paprikaschoten
1 rote Zwiebel
3 Knoblauchzehen
1 rote Chilischote
2 El Olivenöl
Salz
Pfeffer
1 Tl frisch gehackte Thymianblättchen
50 ml Weißwein

Zubereitungszeit: ca. 40 Minuten (plus Zeit zum Kaltstellen)
Pro Portion ca. 737 kcal/3093 kJ
35 g E, 57 g F, 19 g KH

KALBSFILET

mit Limettenschaum

Für 4 Portionen

½ Knollensellerie
2 Möhren
1 Stange Lauch
½ Bund glatte Petersilie
6 Pfefferkörner
800 ml Hühnerbrühe
200 ml Weißwein
1 El Limettensaft
700 g Kalbsfilet
Salz
1 El Butterschmalz
1 El weiche Butter
1 Tl Mehl
100 ml Sahne
50 g Schmand
Pfeffer
1 Bund Basilikum
Zitronenspalten zum Servieren

1| Sellerie und Möhren putzen, schälen und in Würfel schneiden. Lauch putzen, waschen, trocknen und in Ringe schneiden. Die Petersilie waschen und trocken schütteln. Die Pfefferkörner im Mörser leicht zerstoßen.

2| Die Hühnerbrühe mit dem Weißwein, dem Limettensaft, dem Suppengemüse, der Petersilie und den Pfefferkörnern in einen großen Topf geben und aufkochen. Währenddessen das Kalbsfilet waschen, trocken tupfen und mit Salz bestreuen; dünnere Enden bei Bedarf umklappen und mit Küchengarn fixieren, sodass das Fleisch überall gleich dick ist. Das Butterschmalz in einer Pfanne erhitzen und das Filet bei starker Hitze von allen Seiten insgesamt ca. 3 Minuten anbraten.

3| Das Fleisch aus der Pfanne nehmen. 200 ml des aufgekochten Hühnerfonds für die Sauce abnehmen und beiseitestellen. Den restlichen Fond wieder auf die Herdplatte stellen. Das Fleisch mit Küchengarn an einen Kochlöffelstiel hängen und diesen auf den Topf legen, sodass das Fleisch rundum mit Flüssigkeit bedeckt im siedenden Fond liegt. Die Hitze reduzieren und das Fleisch unter dem Siedepunkt ca. 25 Minuten pochieren.

4| Inzwischen für die Sauce den abgenommenen Fond um die Hälfte einkochen lassen. Die Butter mit dem Mehl verkneten, in den kochenden Sud rühren und aufkochen lassen. Dann die Sahne und den Schmand hinzugeben. Alles gut verrühren und mit Salz und Pfeffer abschmecken. Kurz vor dem Servieren die Sauce mit dem Schneebesen oder einem Pürierstab schaumig aufschlagen.

5| Nach Ende der Garzeit das Fleisch aus dem Fond nehmen und ca. 5 Minuten in Alufolie gewickelt ruhen lassen. Das Basilikum waschen, trocken tupfen und die Blättchen abzupfen. Das Fleisch in Scheiben schneiden und mit der Sauce, Basilikumblättchen und Zitronenspalten servieren. Dazu passen Risotto und weißer oder grüner Spargel.

Zubereitungszeit: ca. 40 Minuten (plus Pochierzeit)
Pro Portion ca. 438 kcal/1840 kJ
41 g E, 23 g F, 7 g KH

SALTIMBOCCA

mit Weißweinsauce

Für 4 Portionen

Für das Fleisch:

8 kleine, dünne Kalbsschnitzel (à ca. 75 g)
Salz
Pfeffer
8 Scheiben hauchdünn geschnittener Parmaschinken
8 große Salbeiblätter
1 El Mehl
2 El Butter

Für die Sauce:

150 ml Weißwein
1 Spritzer Zitronensaft
Salz
Pfeffer
3 El eiskalte Butter

1| Zum Warmhalten den Backofen auf 70 °C vorheizen. Eine ofenfeste Form hineinstellen, in der die Kalbsschnitzel Platz haben. Das Fleisch waschen, trocken tupfen und leicht salzen und pfeffern. Den Parmaschinken und die Salbeiblättchen darauf verteilen und mit Holzstäbchen feststecken. Die Unterseiten hauchdünn mit Mehl bestäuben, überschüssiges Mehl abklopfen.

2| Die Butter in einer Pfanne erhitzen und die Schnitzel von jeder Seite ca. 3 Minuten bei mittlerer Hitze braten. Fertige Schnitzel im Ofen warm halten. Wenn alle Schnitzel fertig sind, für die Sauce den Bratensatz mit Weißwein loskochen und bei starker Hitze ca. 5 Minuten offen kochen lassen. Mit Zitronensaft, Salz und Pfeffer abschmecken. Die Pfanne vom Herd nehmen und die eiskalte Butter unterrühren. Das Fleisch mit der Weißweinsauce servieren. Dazu schmeckt Risotto.

Zubereitungszeit: ca. 30 Minuten
Pro Portion ca. 330 kcal/1370 kJ
35 g E, 17 g F, 3 g KH

KALBSBRATEN

mit Kräuter-Zitronensauce

Für 4 Portionen

4 cm frischer Meerrettich
2 unbehandelte Zitronen
4 Knoblauchzehen
1 Zweig Rosmarin
2 Zweige Thymian
1 Wacholderbeere
6 Pfefferkörner
3 El Olivenöl
900 g Kalbsbraten aus der Schulter
Salz
50 ml Madeira
150 ml Kalbsfond
200 ml Sahne
Pfeffer

1| Für das Fleisch den Meerrettich schälen und fein reiben. Die Zitronen heiß waschen, trocknen und die Schale dünn abreiben. Eine halbe Zitrone auspressen. Knoblauch schälen und hacken. Rosmarin und Thymian waschen, trocken tupfen und die Nadeln beziehungsweise Blättchen fein hacken. Die Wacholderbeere und die Pfefferkörner im Mörser zerstoßen. Meerrettich, Zitronenschale und -saft, Knoblauch, gehackte Kräuter, gemörserte Gewürze und 1 Esslöffel Olivenöl dazugeben und alles miteinander zu einer Würzpaste vermengen.

2| Den Kalbsbraten mit kaltem Wasser abspülen und trocken tupfen. Mit der Paste bestreichen, dann in Frischhaltefolie wickeln und 2 Tage im Kühlschrank marinieren. Ca. 4 Stunden vor dem Garen das Fleisch aus dem Kühlschrank nehmen und auf Zimmertemperatur bringen. Den Backofen auf 80 °C (Umluft) vorheizen.

3| Das Fleisch aus der Folie nehmen und die Paste mit dem Messerrücken abstreifen und aufbewahren. Das Fleisch salzen und auf einen Rost legen. Ein Fleischthermometer hineinstecken, sodass die Spitze in der Mitte des Fleischstückes ist. Den Braten auf der mittleren Schiene ca. 2 Stunden im Ofen garen, bis die Kerntemperatur 60 °C beträgt (währenddessen eine Auffangschale darunter platzieren). Die Ofentemperatur auf 65 °C reduzieren. Das restliche Öl in einem Bräter erhitzen. Das Fleisch rundherum braun anbraten. Erneut das Thermometer hineinstecken und das Fleisch ca. 2 weitere Stunden in den Ofen schieben. 10 Minuten vor Ende der Garzeit die Temperatur auf 100 °C erhöhen.

4| Für die Sauce den Bratensatz im Bräter mit Madeira loskochen, dann den Kalbsfond hinzufügen und die beiseitegestellte Paste unterrühren. Alles zur Hälfte einkochen lassen, dann die Sahne dazugießen. Aufkochen und ca. 5 Minuten sämig einkochen lassen. Die Sauce durch ein Sieb passieren. Mit Salz und Pfeffer abschmecken. Den Braten mit der Sauce servieren. Dazu schmecken Rosmarinkartoffeln und Bohnen.

Zubereitungszeit: ca. 40 Minuten (plus Marinier- und Garzeit)
Pro Portion ca. 656 kcal/2755 kJ
41 g E, 50 g F, 5 g KH

KALBSHAXENRAGOUT

mit schwarzen Oliven

1| Möhren und Sellerie putzen, schälen und klein würfeln. Zwiebeln schälen und hacken. Die Tomaten waschen, trocken tupfen, putzen und vierteln. Die Kalbshaxe vom Metzger auslösen lassen und in einzelne Muskelpartien zerteilen. Salzen, pfeffern und hauchdünn mit Mehl bestäuben, überschüssiges Mehl abklopfen.

2| Den Backofen auf 140 °C vorheizen. Einen Bräter erhitzen, das Olivenöl hineingeben. Die Fleischstücke portionsweise rundherum braun anbraten. Das Fleisch aus dem Bräter nehmen, dann Möhren, Sellerie und Zwiebeln anbraten. Ebenfalls herausnehmen. Das Tomatenmark kurz anrösten und mit der Hälfte des Weißweins ablöschen. Bei starker Hitze sirupartig einkochen lassen, dann den Vorgang mit dem restlichen Weißwein wiederholen. Das angebratene Gemüse, die Tomaten und das angebratene Fleisch in den Topf geben. Mit Geflügelbrühe aufgießen und alles erhitzen. Den Deckel aufsetzen und den Bräter für 1 ½–2 Stunden in den Ofen schieben.

3| Knoblauch schälen und hacken. Rosmarin und Salbei waschen und trocken tupfen. Die Chilischote zerbröseln. Die Oliven halbieren. Die eingelegten Tomaten abspülen, trocken tupfen und in Streifen schneiden. Alles zusammen mit der Zitronenschale und dem Lorbeerblatt ca. 20 Minuten vor Garzeitende zum Fleisch geben. Mit Salz und Pfeffer abschmecken. Dazu schmecken Bandnudeln oder Kartoffeln.

Für 4 Portionen

2 Möhren
200 g Knollensellerie
2 Zwiebeln
200 g Kirschtomaten
1 Kalbshaxe (ca. 2,7 kg)
Salz
Pfeffer
2 El Mehl
3 El Olivenöl
2 El Tomatenmark
400 ml Weißwein
300 ml Geflügelbrühe
1 Knoblauchzehe
je 1 Zweig Rosmarin und Salbei
1 getrocknete Chilischote
100 g schwarze Oliven ohne Stein
100 g eingelegte Tomaten in Öl
1 Schalenspirale von 1 unbehandelten Zitrone
1 Lorbeerblatt

Zubereitungszeit: ca. 50 Minuten (plus Schmorzeit)
Pro Portion ca. 849 kcal/3565 kJ
83 g E, 41 g F, 17 g KH

Tipp

Pot-au-feu, der Feuertopf, ist ein beliebter Eintopf der französischen Landküche. Er besteht traditionell aus Gemüse und Rindfleisch, kann aber nach Lust und Laune variiert werden.

KALBSRÜCKENSTEAKS

mit Pot-au-feu

1| Für das Pot-au-feu die Bohnen über Nacht in ausreichend kaltem Wasser einweichen. Dann abgießen, mit frischem Wasser bedecken und bei mittlerer Hitze ca. 75 Minuten gar kochen. In einem Sieb abtropfen lassen.

2| Für die Kräuterkruste Schalotten schälen und hacken. Knoblauch schälen, eine Zehe fein hacken, die anderen halbieren. Petersilie waschen, trocken schütteln und die Blättchen fein hacken. Thymian waschen, trocken schütteln und von der Hälfte die Blättchen abzupfen. Weißbrot reiben. Schalotten, gehackte Knoblauchzehe, gehackte Petersilie und Thymianblättchen in einer Schüssel mischen. Weißbrot und Butter unterkneten. Salzen und pfeffern. Die Masse zur Rolle formen und für ca. 1 Stunde im Kühlschrank fest werden lassen.

3| Für das Pot-au-feu die getrockneten Tomaten mit kochendem Wasser übergießen, ca. 10 Minuten quellen lassen, dann in Streifen schneiden. Die rote Zwiebel und den Knoblauch schälen und hacken. Kirschtomaten waschen, trocken tupfen, putzen und vierteln. Öl in einem Topf erhitzen und die Zwiebeln darin anbraten. Knoblauch und getrocknete Tomaten zugeben, dann die Kirschtomaten unterrühren und den gewaschenen Rosmarinzweig dazulegen. Salzen, pfeffern und ca. 20 Minuten abgedeckt köcheln lassen. Die Bohnen unterrühren und alles weitere 15 Minuten bei milder Hitze schmoren. Mit Salz, Pfeffer, Aceto Balsamico und 1 Prise Zucker abschmecken und warm halten.

4| Den Backofen auf 125 °C vorheizen. Ein Backblech mit Backpapier auslegen. Die Kalbsrückensteaks waschen, trocken tupfen und mit Salz und Pfeffer würzen. Das Olivenöl in einer Pfanne erhitzen. Die Steaks darin von beiden Seiten jeweils 1 Minute anbraten. Dann auf das Backblech legen und die Thymianzweige sowie die halbierten Knoblauchzehen darauf verteilen. Auf der mittleren Schiene ca. 15 Minuten garen. Herausnehmen und in Alufolie wickeln. Den Backofengrill vorheizen. Die Kräuterbutterrolle in Scheiben schneiden. Auf den Steaks verteilen. Die Steaks auf ein Backblech legen, dieses direkt unter dem Grill platzieren und die Steaks ca. 4 Minuten goldgelb überbacken. Mit dem Pot-au-feu servieren.

Für 4 Portionen

Für das Pot-auf-feu:

200 g getrocknete große weiße Bohnen
30 g getrocknete Tomaten
1 rote Zwiebel
2 Knoblauchzehen
200 g Kirschtomaten
1 El Olivenöl
1 Zweig Rosmarin
Salz
Pfeffer
1 El Aceto Balsamico
Zucker

Für das Fleisch:

2 Schalotten
3 Knoblauchzehen
½ Bund glatte Petersilie
1 Bund Thymian
80 g altbackenes Weißbrot vom Vortag ohne Rinde
100 g weiche Butter
Salz
Pfeffer
4 Kalbsrückensteaks (à ca. 160 g)
3 El Olivenöl

Zubereitungszeit: ca. 40 Minuten (plus Einweich-, Koch- und Kühlzeit)
Pro Portion ca. 717 kcal/3012 kJ
51 g E, 37 g F, 44 g KH

SCALOPPINE

mit Zitronensauce

Für 4 Portionen

2 unbehandelte Zitronen
1 Bund Oregano
7 El Olivenöl
8 kleine Kalbsschnitzel aus der Nuss (à ca. 70 g)
Salz
Pfeffer
1 El Mehl
Zucker
40 g eiskalte Butter
Zitronenspalten zum Servieren

1| Für die Marinade die Zitronen heiß waschen und trocken reiben. Die Schale von 1 ½ Zitronen hauchfein abreiben. Die Früchte auspressen. Den Oregano waschen und trocken schütteln. Zitronensaft und -schale mit 5 Esslöffeln Olivenöl verrühren.

2| Die Schnitzel waschen, trocken tupfen und mit einem Fleischklopfer ca. 0,5 cm dick klopfen. Dann in die Marinade legen und den Oregano-Bund hinzugeben. Ca. 2 Stunden im Kühlschrank marinieren lassen. Die Schnitzel herausnehmen und trocken tupfen. Oregano entfernen. Die Marinade aufbewahren.

3| Den Backofen auf 70 °C vorheizen. Die Schnitzel salzen, pfeffern und hauchdünn mit Mehl bestäuben. Überschüssiges Mehl abklopfen und entfernen. Das restliche Olivenöl in einer Pfanne erhitzen. Die Kalbsschnitzel portionsweise bei hoher Hitze von beiden Seiten jeweils ca. 2 Minuten braten. Herausnehmen und im Backofen abgedeckt warm halten.

4| Sind alle Schnitzel gebraten, die Marinade in die Pfanne gießen und den Bratensaft loskochen. Alles ca. 5 Minuten sprudelnd kochen lassen. Mit Salz, Pfeffer und 1 Prise Zucker abschmecken, zum Schluss die Butter unterrühren. Die Schnitzel mit Sauce und Zitronenspalten servieren. Dazu schmeckt Pasta.

Zubereitungszeit: ca. 25 Minuten (plus Marinierzeit)
Pro Portion ca. 415 kcal/1744 kJ
31 g E, 30 g F, 6 g KH

KALBSROLLBRATEN

mit Pancetta-Kräuter-Füllung

Für 4–6 Portionen

30 g getrocknete Tomaten
100 g schwarze Oliven ohne Stein
½ Bund glatte Petersilie
½ Bund Thymian
3 Knoblauchzehen
2 Scheiben Ciabatta
6 El Olivenöl
1 El mittelscharfer Senf
1 ½ kg Kalbsrollbraten
Salz
Pfeffer
120 g Pancetta
1 Möhre
¼ Knollensellerie
2 Zwiebeln
1 El Tomatenmark
700 ml Kalbsfond
300 ml Weißwein
2 Lorbeerblätter
1–2 El Zitronensaft
40 g eiskalte Butter

1| Die getrockneten Tomaten mit kochendem Wasser überbrühen und ca. 10 Minuten einweichen, abtropfen lassen, dann grob zerteilen. Die Oliven grob hacken. Petersilie und Thymian waschen, trocken tupfen und die Blättchen hacken. Knoblauch schälen und hacken. Das Brot entrinden und fein würfeln. Alles mit 1 Esslöffel Olivenöl pürieren. Den Senf unterrühren.

2| Das Kalbfleisch waschen, trocken tupfen, parieren, salzen und pfeffern. Die Innenseite mit der Gewürzpaste bestreichen, den Pancetta darauf verteilen. Das Fleisch fest aufrollen und mit Küchengarn fixieren.

3| Möhre und Sellerie putzen, schälen und klein würfeln. Die Zwiebeln schälen und hacken. Den Backofen auf 140 °C vorheizen.

4| Das restliche Olivenöl in einem Bräter erhitzen und den Braten rundherum braun anbraten. Herausnehmen und das Wurzelgemüse und die Zwiebeln hineingeben. Unter Rühren ca. 5 Minuten anbraten, dann das Tomatenmark unterrühren. Mit 500 ml Kalbsfond ablöschen und aufkochen. Offen ca. 10 Minuten köcheln lassen. Den Weißwein dazugießen und die Lorbeerblätter hineingeben. Aufkochen, dann den Braten hineinlegen. Den Bräter mit dem Deckel verschließen und den Rollbraten auf der mittleren Schiene im Ofen ca. 1 ½ Stunden sanft garen lassen. Alle 30 Minuten den Braten mit dem Sud begießen und den restlichen Kalbsfond dazurühren.

5| Nach Ende der Garzeit das Fleisch aus dem Bräter nehmen und in Folie gewickelt ca. 10 Minuten ruhen lassen. Für die Sauce den Bratenfond passieren und in einem Topf sämig einkochen lassen. Mit Salz, Pfeffer und Zitronensaft abschmecken. Zum Schluss die Butter in kleinen Stücken darunterrühren. Den Braten mit der Sauce servieren. Dazu passen Kartoffelpüree und Möhren.

Zubereitungszeit: ca. 40 Minuten (plus Koch- und Schmorzeit)
Bei 4 Portionen pro Portion ca. 1199 kcal/5039 kJ
77 g E, 83 g F, 25 g KH

Tipp

Pancetta ist eine Speckspezialität aus der Toskana. Der milde Speck ist je nach Region mit unterschiedlichen Kräutern gewürzt, gesalzen und luftgetrocknet oder leicht geräuchert. Ersatzweise können Sie auch anderen Bauchspeck verwenden.

SCHWEIN

Schweinefleisch ist das Lieblingsfleisch in deutschen Küchen – in diesem Kapitel finden Sie die besten Rezepte mit dem köstlichen Multitalent.

SCHWEINEFILET

mit Trauben-Rotkohl

1| Den Rotkohl putzen, dabei den Strunk entfernen, die Blätter in dünne Streifen schneiden (es werden ca. 400 g benötigt), waschen und abtropfen lassen. Die Zwiebel schälen und fein hacken. Das Gänseschmalz in einem Topf erhitzen und die Zwiebeln darin andünsten. Den Rotkohl dazugeben und alles unter Rühren ca. 3 Minuten dünsten. Mit Rotwein und Apfelsaft ablöschen. Salzen, pfeffern und die Gewürze zugeben. Mit geschlossenem Deckel bei mittlerer Hitze ca. 40 Minuten gar kochen. Nach Ende der Garzeit den Essig und das Quittengelee unterrühren und alles noch einmal mit Salz und Pfeffer abschmecken. Die Trauben waschen, trocken tupfen, von den Stielen zupfen und unter den Rotkohl heben.

2| Das Schweinefilet waschen, trocken tupfen, parieren und in ca. 2 cm dicke Scheiben schneiden. Die Spitzen des Fleisches klein würfeln und bis zur weiteren Verwendung ins Tiefkühlfach legen. Die Fleischscheiben leicht flach klopfen. Für die Füllung die Maronen hacken. Die Pflaumen in Streifen schneiden. Die Sahne mit den Fleischwürfeln pürieren. Falls die Masse nicht sämig genug ist, etwas von den gehackten Maronen unterpürieren. Das Ei hinzurühren, alles salzen und pfeffern. Die Pflaumenstreifen und die gehackten Maronen unterheben und die Farce auf den Fleischscheiben verteilen. Diese in der Mitte zusammenklappen und mit Holzstäbchen feststecken. Salzen und pfeffern.

3| Das Butterschmalz in einer Pfanne erhitzen und das Fleisch darin bei mittlerer Hitze von beiden Seiten jeweils ca. 5 Minuten braten. Aus der Pfanne nehmen und in Alufolie gewickelt ca. 3 Minuten ruhen lassen. Mit dem Rotkohl servieren. Dazu passen Knödel oder Schupfnudeln.

Für 4 Portionen

Für den Rotkohl:

1 kleiner Rotkohl (ca. 600 g)
1 rote Zwiebel
1 El Gänseschmalz
100 ml Rotwein
100 ml Apfelsaft
Salz
Pfeffer
je 1 Msp. gemahlener Koriander, Zimt und Piment
2 El Kräuteressig
3 El Quittengelee
150 g dunkle Weintrauben

Für das Fleisch:

700 g Schweinefilet
80 g vorgegarte Maronen
40 g getrocknete Pflaumen
125 ml eiskalte Sahne
1 Ei
Salz
Pfeffer
2 El Butterschmalz

Zubereitungszeit: ca. 50 Minuten (plus Garzeit)
Pro Portion ca. 576 kcal/2418 kJ
45 g E, 24 g F, 35 g KH

SCHWEINEFILET

Asia-Style

Für 4 Portionen

½ Sternanis
1 Nelke
je ½ Tl Fenchelsamen und weißer Pfeffer
1 Msp. Zimtpulver
600 g Schweinefilet
2 Schalotten
2 Knoblauchzehen
1 rote Paprikaschote
500 g Thai-Spargel
3 El Sonnenblumenöl
2 El helles Sesamöl
100 ml Hühnerbrühe
3 El Reisessig
5 El Sojasauce
Salz
Pfeffer

1| Für die Gewürzmischung Sternanis, Nelke, Fenchel, weißen Pfeffer und Zimt mahlen. Das Schweinefilet waschen, trocken tupfen, parieren, dabei die Silberhaut entfernen. Das Filet in dünne Scheiben schneiden. In einem Gefrierbeutel mit der Gewürzmischung mischen und ca. 30 Minuten bei Zimmertemperatur marinieren.

2| Währenddessen die Schalotten schälen und in dünne Ringe schneiden. Knoblauchzehen schälen und in feine Stifte schneiden. Paprika putzen, innen und außen waschen, trocken tupfen und in dünne Streifen schneiden. Den Thai-Spargel waschen, trocken tupfen, putzen und in mundgerechte Stücke schneiden.

3| Sonnenblumen- und Sesamöl zusammen in einer Pfanne erhitzen. Die Schalotten und das Fleisch zugeben und alles ca. 4 Minuten unter Rühren kräftig braten. Knoblauch, Paprikastreifen und Spargel dazugeben. Kurz mitbraten, dann Hühnerbrühe, Reisessig und Sojasauce hinzufügen. Alles mit geschlossenem Deckel bei mittlerer Hitze ca. 10 Minuten schmoren. Mit Salz und Pfeffer abschmecken. Dazu passt Reis.

Zubereitungszeit: ca. 35 Minuten (plus Marinier- und Garzeit)
Pro Portion ca. 319 kcal/1338 kJ
38 g E, 16 g F, 5 g KH

KRUSTENBRATEN

mit Bayrisch Kraut

Für 4 Portionen

Für den Braten:
250 g Schalotten
2 Möhren
250 g Knollensellerie
1 ½ kg Schweinebraten aus der Hüfte mit Schwarte
Salz
Pfeffer
1 Tl Kümmel
3 El Schweineschmalz
200 ml Geflügelbrühe
150 ml Weißwein
1 Knoblauchzehe
2 Rosmarinzweige
½ Bund Majoran
50 g Butter
1 El Honig

Für das Bayrisch Kraut:
1 kleiner Kopf Weißkohl (ca. 900 g)
1 Zwiebel
30 g Entenschmalz
1 Tl Honig
1 Msp. Kümmel
250 ml Rinderfond
Salz
Pfeffer
1 El Weißweinessig
20 g Butter

1| Für den Braten die Schalotten schälen. Möhren putzen, schälen und in ca. 1 cm dicke Scheiben schneiden. Sellerie putzen, schälen und würfeln. Den Braten waschen, trocken tupfen, dann die Schwarte rautenförmig einritzen, dabei das Fleisch nicht verletzen. Den Braten salzen, pfeffern und mit Kümmel bestreuen. Den Backofen auf 140 °C vorheizen.

2| Schweineschmalz in einem Bräter erhitzen. Den Braten mit der Schwarte nach unten ca. 6 Minuten kräftig anbraten, dann wenden und auf der Fleischseite weitere 3 Minuten bei mittlerer Hitze braten. Schalotten und Wurzelgemüse hinzugeben und kurz mitbraten. Brühe und Wein angießen. Alles aufkochen lassen, den Braten dann mit der Schwarte nach oben im offenen Bräter auf der mittleren Schiene ca. 2 Stunden im Ofen schmoren lassen, ggf. zwischendurch etwas Brühe nachgießen.

3| Den Knoblauch schälen. Die Kräuter waschen und trocken schütteln. Beides 20 Minuten vor Garzeitende in den Bratenfond geben. Die Ofentemperatur auf 200 °C erhöhen. Die Butter zerlassen und den Honig einrühren. Die Schwarte damit bepinseln und knusprig braun werden lassen. Den Braten in Alufolie gewickelt kurz ruhen lassen.

4| Während der Garzeit des Bratens für das Bayrisch Kraut den Weißkohl putzen, die Blätter in Streifen schneiden, waschen und abtropfen lassen. Zwiebel schälen und fein hacken. Das Entenschmalz in einem Topf zerlassen und die Zwiebeln darin andünsten. Den Kohl hinzugeben und unter Rühren ca. 5 Minuten mitdünsten. Honig und Kümmel unterrühren und den Rinderfond zugießen, alles salzen und pfeffern. Mit geschlossenem Deckel ca. 10 Minuten köcheln lassen, dann weitere 30 Minuten offen köcheln lassen, bis die meiste Flüssigkeit verdampft ist. Den Essig unterrühren und alles mit Salz und Pfeffer abschmecken. Vor dem Servieren die Butter unterrühren. Den Braten mit Bayrisch Kraut servieren. Dazu passen Knödel.

Zubereitungszeit: ca. 70 Minuten (plus Schmorzeit)
Pro Portion ca. 1127 kcal/4733 kJ
89 g E, 76 g F, 18 g KH

KNUSPERKOTELETTS

mit Tomaten-Avocado-Salat

1| Für den Salat die Pinienkerne in einer Pfanne ohne Fett unter Rühren goldgelb rösten. Vom Herd nehmen und abkühlen lassen. Die Kirschtomaten waschen, trocknen, die Stielansätze entfernen und die Früchte je nach Größe vierteln oder halbieren. Die Schalotten schälen und in feine Ringe schneiden. Die Petersilie waschen, trocken schleudern und die Blättchen hacken. Die Sardellen abspülen, trocken tupfen und fein hacken. Alles in einer Schüssel mischen.

2| Für das Dressing Olivenöl mit Zitronensaft verquirlen. Die Avocado schälen, das Fleisch vom Stein lösen und würfeln. Sofort in das Dressing geben. Salzen und pfeffern und die Chilischote dazubröseln. Alles unter die Tomatenmischung heben und bis zum Servieren durchziehen lassen.

3| Für die Koteletts die Grissini in Stücke brechen, in einen Gefrierbeutel geben, mit einem Nudelholz darüberrollen und zerbröseln. Den Parmesan reiben. Kapern abspülen und leicht hacken. Alles in einer Schale vermischen. Die Eier verquirlen und in eine zweite Schale geben. Das Mehl in eine dritte Schale geben.

4| Die Koteletts waschen, trocken tupfen, salzen und pfeffern. Erst im Mehl wenden, dabei überschüssiges Mehl abklopfen. Dann im Ei wenden und zum Schluss in der Panade. Ausreichend Olivenöl in 2 Pfannen erhitzen. Die Koteletts von jeder Seite ca. 6 Minuten braten, bis sie knusprig braun sind. Kurz auf Küchenkrepp abtropfen lassen. Die Koteletts mit dem Salat servieren. Dazu passt Ciabatta.

Für 4 Portionen

Für den Salat:
100 g Pinienkerne
500 g Kirschtomaten
2 Schalotten
1 Bund glatte Petersilie
2 Sardellen
4 El Olivenöl
2 El Zitronensaft
1 Avocado
Salz
Pfeffer
1 getrocknete Chilischote

Für die Koteletts:
125 g Grissini
50 g Parmesan
4 El kleine Kapern
2 Eier
4 El Mehl
4 Schweinestielkoteletts (à ca. 200 g)
Salz
Pfeffer
Olivenöl zum Ausbacken

Zubereitungszeit: ca. 60 Minuten
Pro Portion ca. 875 kcal/3673 kJ
64 g E, 54 g F, 34 g KH

SCHWEINEFILET

mit Portwein-Sauerkirschen

Für 4 Portionen

750 g Sauerkirschen
3 El brauner Zucker
8 El roter Portwein
1 Tl grüne Pfefferbeeren aus dem Glas
1 Bund Thymian
800 g Schweinefilet
100 g Walnüsse
Salz
Pfeffer
2 El Butterschmalz
Zucker
30 g eiskalte Butter

1| Die Hälfte der Sauerkirschen waschen, trocken tupfen, entstielen und entkernen. Den austretenden Saft dabei auffangen. Kirschen mit ausgetretenem Saft, 2 Esslöffeln braunem Zucker und dem Portwein in einen Topf geben und aufkochen. Ca. 5 Minuten kochen lassen, dann vom Herd nehmen und die Mischung mit einem Kartoffelstampfer zerdrücken. In ein Sieb gießen und den Sud auffangen. Abkühlen lassen. Dann mit den abgespülten grünen Pfefferbeeren mischen. Thymian waschen, trocken tupfen und die Blättchen dazugeben. Das Schweinefilet waschen, trocken tupfen und parieren. Mit dem abgekühlten Sud in einen Gefrierbeutel geben, sodass das Fleisch rundherum mit Flüssigkeit bedeckt ist. Den Beutel verschließen und das Fleisch über Nacht im Kühlschrank marinieren.

2| Am nächsten Tag die Walnüsse in einer Pfanne ohne Fett anrösten, dann abkühlen lassen und hacken. Die restlichen Kirschen waschen, trocken tupfen und entsteinen. Den Saft dabei auffangen und wieder zu den Kirschen geben.

3| Den Backofen auf 60 °C vorheizen. Das Fleisch aus der Marinade nehmen. Den Thymian aus der Marinade entfernen, restliche Marinade aufbewahren. Das Fleisch trocken tupfen. Das dünnere Ende umklappen und mit Küchengarn fixieren, sodass das Fleisch überall in etwa gleich dick ist. Salzen und pfeffern. Das Butterschmalz erhitzen. Den restlichen braunen Zucker dazugeben und goldgelb karamellisieren lassen. Schweinefilet darin von allen Seiten rundherum anbraten, dann mit der Marinade ablöschen. Das Fleisch bei mittlerer Hitze ca. 10 Minuten dünsten. Herausnehmen und in Alufolie gewickelt im Backofen warm halten.

4| Für die Sauce den Sud aufkochen, mit Salz, Pfeffer und 1 Prise Zucker abschmecken. Die Kirschen zugeben und die Butter in Flöckchen unterrühren. Das Fleisch mit dem ausgetretenen Fleischsaft, der Kirschsauce und den gehackten Walnüssen servieren.

Zubereitungszeit: ca. 50 Minuten (plus Abkühl- und Garzeit)
Pro Portion ca. 664 kcal/2788 kJ
52 g E, 28 g F, 33 g KH

SCHWEINESTEAKS

mit Avocado-Mango-Salsa

1| Für das Salsa-Dressing die Limetten auspressen und ca. 10 Esslöffel Saft abmessen. Das Olivenöl hineinquirlen. Chilischoten zerbröseln und unterrühren. Mit Salz und Pfeffer abschmecken.

2| Die Mangos schälen. Das Fruchtfleisch vom Stein schneiden, dann klein würfeln. Die Schalotten schälen und fein hacken. Mit den Mangowürfeln in einer Schüssel mischen. Die Avocados schälen, den Kern entfernen und das Fruchtfleisch würfeln. Zur Mango geben, dann sofort das Dressing darübergeben und alles vorsichtig vermengen. Koriander waschen, trocken schütteln und die Blättchen abzupfen. Unter die Salsa heben.

3| Den Backofen auf 60 °C vorheizen. Die Steaks waschen, trocken tupfen, mit Anis und Kreuzkümmel bestäuben, dann salzen und pfeffern. Das Butterschmalz in zwei Pfannen zerlassen. Die Steaks von beiden Seiten bei mittlerer Hitze ca. 3 Minuten braten. Aus der Pfanne nehmen und in Alufolie gewickelt im Ofen ca. 3 Minuten ruhen lassen. Die Steaks mit dem ausgetretenen Fleischsaft und der Salsa servieren.

Für 4 Portionen

Für die Salsa:

6 Limetten
3 El fruchtiges Olivenöl
1 ½ getrocknete Chilischote
Salz
Pfeffer
2 Mangos (reif, aber noch festfleischig)
2 Schalotten
2 Avocados
1 Bund Koriander

Für die Steaks:

4 Schweinenackensteaks (à ca. 150 g)
1 Tl gemahlener Anis
1 Tl gemahlener Kreuzkümmel
Salz
Pfeffer
2 El Butterschmalz

Zubereitungszeit: ca. 35 Minuten
Pro Portion ca. 445 kcal/1869 kJ
36 g E, 29 g F, 11 g KH

SCHWEINERÖLLCHEN

mit Ratatouille

Für 4 Portionen

Für die Ratatouille:
je 2 gelbe und rote Paprikaschoten
2 kleine Zucchini
2 rote Zwiebeln
3 Knoblauchzehen
250 g Kirschtomaten
1 Bund Thymian
3 El Olivenöl
Salz
Pfeffer
250 ml Gemüsebrühe
3 El Tomatenmark

Für die Schweineröllchen:
2 Bund Basilikum
30 g Parmesan
30 g Pinienkerne
5 El Olivenöl
Salz
Pfeffer
75 g getrocknete Tomaten in Öl
8 kleine Schweineschnitzel (à ca. 75 g)

1| Für die Ratatouille Paprikaschoten halbieren, putzen, innen und außen waschen, trocken tupfen, dann in Streifen schneiden. Zucchini waschen, trocknen, putzen und klein würfeln. Zwiebeln und Knoblauch schälen und in feine Streifen schneiden. Tomaten waschen, trocken tupfen, putzen und halbieren. Den Thymian waschen, trocken tupfen und die Blättchen abzupfen.

2| Den Backofen auf 180 °C vorheizen. Paprika, Zucchini, Zwiebeln, Knoblauch und Thymian in einer Schüssel mischen. Olivenöl, Salz und Pfeffer hinzugeben und alles vermengen. In der Fettpfanne des Backofens verteilen und auf der mittleren Schiene ca. 20 Minuten garen.

3| Für das Fleisch das Basilikum waschen, trocken schleudern und die Blättchen hacken. Den Parmesan reiben. Die Pinienkerne in einer Pfanne ohne Fett goldgelb rösten. Die Hälfte des Basilikums mit dem Parmesan, den Pinienkernen und 3 Esslöffeln Olivenöl pürieren. Salzen und pfeffern. Die Tomaten auf Küchenkrepp trocken tupfen und in Streifen schneiden. Die Schnitzel waschen, trocken tupfen und plattieren. Salzen, pfeffern und mit ca. der Hälfte des Pestos bestreichen. Die getrockneten Tomaten und das restliche Basilikum darauf verteilen. Das Fleisch straff aufrollen und mit Küchengarn fixieren. Das restliche Öl in einer Pfanne erhitzen und die Fleischröllchen ca. 5 Minuten darin rundherum anbraten.

4| Die Gemüsebrühe mit dem Tomatenmark verrühren und mit den Kirschtomaten nach der angegebenen Garzeit von 20 Minuten zum Gemüse geben. Die Fleischröllchen darauf verteilen und alles weitere 15 Minuten schmoren lassen. Herausnehmen und mit dem restlichen Pesto beträufelt servieren.

Zubereitungszeit: ca. 60 Minuten (plus Schmorzeit)
Pro Portion ca. 489 kcal/2052 kJ
44 g E, 31 g F, 7 g KH

SCHWEINEKOTELETTS

mit Wasabi-Kruste

Für 4 Portionen

Für die Wasabi-Kruste:

1 Bund Frühlingszwiebeln
1 Bund Schnittlauch
½ Bund glatte Petersilie
5 El Butter
2 Tl Wasabi-Paste
100 ml Bier (Pils)
4 El Semmelbrösel
Salz
Pfeffer
Zucker

Für das Fleisch:

4 Schweinekoteletts (à ca. 250 g)
Salz
Pfeffer
2 El Butterschmalz

1| Den Backofen auf 180 °C vorheizen. Ein Backblech mit Backpapier auslegen. Für die Wasabi-Kruste die Frühlingszwiebeln waschen, trocknen, putzen, dann in Ringe schneiden. Den Schnittlauch waschen, trocknen und in Röllchen schneiden. Die Petersilie waschen, trocken schütteln und die Blättchen hacken.

2| Die Butter in einer Pfanne zerlassen und die Frühlingszwiebeln unter Rühren ca. 8 Minuten bei mittlerer Hitze dünsten. Die Wasabi-Paste einrühren, dann Schnittlauch und Petersilie unterrühren. Ca. 2 Minuten mitdünsten, dann alles mit Bier ablöschen und aufkochen lassen. Den Pfanneninhalt in eine Schüssel füllen und etwas abkühlen lassen. Die Semmelbrösel unterrühren und alles mit Salz, Pfeffer und 1 Prise Zucker abschmecken.

3| Die Koteletts waschen und trocken tupfen, dann salzen und pfeffern. Das Butterschmalz in einer ausreichend großen Pfanne zerlassen. Die Schnitzel von beiden Seiten bei mittlerer Hitze jeweils ca. 6 Minuten braten. Dann auf das Backblech legen und die Wasabi-Mischung darauf verteilen. Auf der mittleren Schiene ca. 4 Minuten goldgelb überbacken. Dazu passen Bratkartoffeln.

Zubereitungszeit: ca. 40 Minuten
Pro Portion ca. 528 kcal/2218 kJ
57 g E, 28 g F, 11 g KH

SCHWEINEFLEISCH

mit eingelegten Möhren

Für 4 Portionen

Für das Fleisch:

je 3 Zweige Rosmarin und Oregano
2 Stängel Salbei
1 Bund Minze
4 Knoblauchzehen
4 Lorbeerblätter
je 2 Tl schwarze Pfefferkörner und Fenchelsamen
500 ml Weißwein
100 ml Weißweinessig
800 g Schweinefilet
Fleur de Sel
4 El Olivenöl

Für die Möhren:

600 g Möhren
2 Knoblauchzehen
1 Bouquet garni
125 ml Weißwein
125 ml Weißweinessig
Salz
Pfeffer
1 El Zucker
1 Bund Basilikum

1| Für die Fleisch-Marinade Rosmarin, Oregano, Salbei und Minze waschen, trocken schütteln und die Blättchen bzw. Nadeln abzupfen. Knoblauch schälen und hacken. Lorbeerblätter zerkleinern. Pfefferkörner und Fenchelsamen in einem Mörser andrücken. Alles mit Wein und Essig in einer ausreichend großen Schüssel verrühren. Das Schweinefleisch waschen, trocken tupfen, parieren und in ca. 1 cm dicke Scheiben schneiden. In die Marinade legen und abgedeckt im Kühlschrank 1–2 Tage ruhen lassen.

2| Die Möhren waschen, schälen, putzen und in ca. 1 cm dicke Scheiben schneiden. Knoblauch schälen und hacken. Die Kräuter des Bouquet garnis waschen, trocken schütteln und die Blättchen bzw. Nadeln abzupfen. Weißwein und Essig aufkochen. Möhren, Knoblauch und Kräuter zugeben. Alles salzen, pfeffern und den Zucker unterrühren. Bei mittlerer Hitze ca. 10 Minuten bissfest garen. Die Möhren im Sud abkühlen lassen, dann die Möhrenstücke herausfischen. Den Sud passieren und die Möhren mit dem klaren Sud übergießen. Ebenfalls abgedeckt im Kühlschrank 1–2 Tage marinieren lassen.

3| Zum Fertigstellen das Basilikum waschen, trocken tupfen und die Blättchen in Streifen schneiden. Die Möhren auf Zimmertemperatur bringen, in ein Sieb abgießen und mit dem Basilikum bestreut anrichten.

4| Das Fleisch aus der Marinade nehmen, trocken tupfen und mit Fleur de Sel salzen. Das Olivenöl in zwei Pfannen erhitzen und das Fleisch bei starker Hitze von beiden Seiten je 2 Minuten kräftig braten. Das Fleisch mit den Möhren servieren. Dazu passt knuspriges Weißbrot.

Zubereitungszeit: ca. 60 Minuten (plus Marinierzeit)
Pro Portion ca. 656 kcal/2753 kJ
51 g E, 47 g F, 6 g KH

SPANFERKELHAXEN

mit Thai-Gemüse

1| Den Backofen auf 180 °C vorheizen. Die Haxen waschen und trocken tupfen. Die Sojasauce mit dem Honig verrühren, die Haxen mit der Hälfte der Mischung bepinseln. Knoblauch schälen. Die Gemüsebrühe aufkochen, dann in einen Bräter gießen, Knoblauch hinzugeben und die Haxen hineinsetzen. Auf der mittleren Schiene ca. 1 ½ Stunden schmoren, dabei immer wieder mit dem Sud begießen.

2| Nach Ende der Garzeit den Bräter herausnehmen. Die Temperatur auf 250 °C erhöhen. Die Haxen aus dem Sud nehmen, mit der restlichen Honig-Sojasaucenmischung bepinseln und auf dem Backofengitter ca. 10 Minuten knusprig backen (unter dem Rost eine Auffangschale platzieren).

3| Während der Haxen-Garzeit das Gemüse zubereiten. Dazu die Sesamsaat in einer Pfanne ohne Fett goldgelb rösten, dann beiseitestellen. Pak-Choi waschen, trocknen, putzen und in mundgerechte Stücke schneiden. Thai-Spargel waschen, putzen und halbieren. Die Pilze feucht abreiben, die Stiele entfernen und die Kappen in Scheiben schneiden. Das Basilikum waschen, trocken schleudern, die Blättchen abzupfen und in Streifen schneiden. Den Ingwer schälen und fein hacken.

4| Das Sesamöl in einer großen, tiefen Pfanne erhitzen. Die Pilze scharf anbraten, dann den Thai-Spargel dazugeben. Alles kräftig weiterbraten, dann den Pak-Choi und den Ingwer unterheben. Weitere 3 Minuten braten. Die Sojasauce dazugeben und etwas von dem Haxenfond. Den Deckel auflegen und fertig garen. Das Gemüse mit der gerösteten Sesamsaat und dem Basilikum bestreut zu den Haxen servieren.

Für 4 Portionen

Für das Fleisch:
4 Spanferkelhinterhaxen (à ca. 500 g)
3 El Sojasauce
1 El Honig
3 Knoblauchzehen
500 ml Gemüsebrühe

Für das Gemüse:
100 g Sesamsaat
500 g Pak Choi
500 g Thai-Spargel
200 g Shiitake-Pilze
½ Bund Thai-Basilikum
4 cm Ingwer
3 El helles Sesamöl
4 El Sojasauce

Zubereitungszeit: ca. 60 Minuten (plus Garzeit)
Pro Portion ca. 1292 kcal/5426 kJ
108 g E, 90 g F, 14 g KH

SCHWEINEFILETPFANNE

mit Kartoffeln und Venusmuscheln

1| Das Schweinefilet waschen, trocken tupfen, parieren und in Würfel von ca. 3 cm Kantenlänge schneiden. 2 Knoblauchzehen schälen und hacken. Das Fleisch in einen Gefrierbeutel geben. Gehackten Knoblauch und Paprikapulver dazugeben. Dann den Weißwein dazugießen und die Lorbeerblätter einlegen. Den Beutel gut verschließen und das Fleisch mindestens 4 Stunden marinieren lassen. Dann in ein Sieb abgießen, die Marinade dabei auffangen.

2| Die Kartoffeln schälen und je nach Größe vierteln oder halbieren. In ausreichend kochendem Salzwasser gar kochen, dann in ein Sieb abgießen und abtropfen lassen. Die Zwiebeln schälen und hacken. Die restlichen beiden Knoblauchzehen ebenfalls schälen und hacken.

3| Das Fleisch trocken tupfen, salzen und pfeffern. Das Schweineschmalz in einer ausreichend großen Pfanne erhitzen und das Fleisch darin portionsweise von allen Seiten kräftig anbraten. Dann herausnehmen und die Zwiebeln im verbliebenen Bratfett anbraten. Den Knoblauch hinzufügen und die Tomaten und die aufgefangene Marinade dazugießen. Alles offen ca. 10 Minuten einkochen lassen. Das Fleisch wieder dazugeben.

4| Die Muscheln gründlich abspülen (geöffnete Exemplare entfernen) und ebenfalls in die Pfanne geben. Alles aufkochen lassen, dann mit geschlossenem Deckel ca. 10 Minuten weitergaren lassen, bis sich die Muscheln geöffnet haben (geschlossene Exemplare entfernen). Die Kartoffeln unterheben und in der Mischung erwärmen. Den Koriander waschen, trocken schütteln und die Blättchen abzupfen. Kurz vor dem Servieren unterheben.

Für 4 Portionen

700 g Schweinefilet
4 Knoblauchzehen
1 El Paprikapulver
300 ml Weißwein
2 Lorbeerblätter
700 g Kartoffeln
Salz
2 Zwiebeln
Pfeffer
5 El Schweineschmalz
1 Dose gehackte Tomaten
1 kg Venusmuscheln
1 Bund Koriander

Zubereitungszeit: ca. 40 Minuten (plus Marinier- und Kochzeit)
Pro Portion ca. 559 kcal/2348 kJ
57 g E, 16 g F, 31 g KH

SCHWEINEMEDAILLONS

mit Basilikumkruste

Für 4 Portionen

3 Scheiben Ciabatta vom Vortag
2 El Butter
700 g Schweinefilet
Salz
Pfeffer
2 El Butterschmalz
2 Bund Basilikum
2 Bund Schnittlauch
3 Eigelb
4 El Weißwein
Butter für die Auflaufform

1| Das Ciabatta zur Hälfte in kleine Würfel mit ca. ½ cm Kantenlänge schneiden, die andere Hälfte reiben (falls das Brot dafür zu weich ist, im Backofen bei 100 °C trocknen). 1 Esslöffel Butter in einer Pfanne zerlassen und Brotwürfel und -brösel darin goldgelb braten. Herausnehmen und auf Küchenkrepp abtropfen lassen.

2| Das Schweinefilet waschen, trocken tupfen, parieren und in Medaillons von ca. 2 ½ cm Dicke schneiden. Rundherum salzen und pfeffern. Den Backofen auf 60 °C vorheizen. Eine Auflaufform einfetten, in der alle Schweinemedaillons Platz haben. Das Butterschmalz in einer Pfanne erhitzen und die Medaillons von jeder Seite bei mittlerer Hitze ca. 3 Minuten braten, dabei nur einmal wenden. Herausnehmen, in der Auflaufform verteilen und im Ofen warm halten.

3| Die Kräuter waschen und trocken tupfen. Basilikumblättchen hacken, Schnittlauch in feine Ringe schneiden. Die Eigelbe im heißen Wasserbad mit dem Weißwein schaumig aufschlagen. Die restliche Butter in kleinen Flöckchen unterschlagen. Die Schüssel aus dem Wasserbad nehmen, die Kräuter unterheben und alles salzen und pfeffern. Die Brotwürfel und -brösel unterheben.

4| Den Backofengrill vorheizen. Das Fleisch auf ein Backblech legen und die Basilikummasse auf den Medaillons verteilen. Unter dem Grill ca. 4 Minuten goldgelb gratinieren. Dazu passen Risotto und ein grüner Salat.

Zubereitungszeit: ca. 40 Minuten
Pro Portion ca. 399 kcal/1676 kJ
44 g E, 18 g F, 13 g KH

SCHWEINEBRATEN

mit Gemüsewürfeln und Gremolata

1| Den Schweinebraten waschen, trocken tupfen, parieren, salzen und pfeffern. Das Olivenöl in einem Bräter erhitzen und das Fleisch darin von allen Seiten ca. 6 Minuten kräftig anbraten. Die Hitze reduzieren und das Fleisch bei milder Hitze mit geschlossenem Deckel ca. 1 ½ Stunden braten, dabei zwischendurch immer wieder wenden.

2| In der Zwischenzeit die Süßkartoffeln und die Möhren waschen, schälen, putzen und würfeln. Die Kräuter waschen und trocken schütteln. Ca. 30 Minuten vor Garzeitende das Fleisch mit dem Wein übergießen. Süßkartoffeln, Möhren und Kräuter sowie die Butter in Flöckchen dazugeben. Salzen und pfeffern und mit geschlossenem Deckel fertig garen.

3| Für die Gremolata den Knoblauch schälen und hacken. Die Petersilie waschen, trocken schütteln und die Blättchen hacken. Mit dem Knoblauch mischen und mit Fleur de Sel würzen.

4| Den Braten nach Ende der Garzeit aus dem Bräter nehmen und in Alufolie gewickelt ca. 5 Minuten ruhen lassen. Den Braten mit Gemüse, etwas Bratsud und der Gremolata servieren.

Für 4 Portionen

Für den Braten:

1 kg Schweinebraten aus der Hüfte (ohne Knochen)
Salz
Pfeffer
5 El Olivenöl
1 kg Süßkartoffeln
500 g Möhren
1 Bund Thymian
1 Bund Oregano
2 Zweige Rosmarin
500 ml Weißwein
5 El Butter

Für die Gremolata:

3 Knoblauchzehen
1 Bund glatte Petersilie
Fleur de Sel

Zubereitungszeit: ca. 60 Minuten (plus Schmorzeit)
Pro Portion ca. 1005 kcal/4221 kJ
60 g E, 45 g F, 69 g KH

SCHWEINEFILET

mit karamellisiertem Spargel

Für 4 Portionen

Für die Kräuterbutter:
1 Kästchen Kresse
4 Blätter Bärlauch
½ Bund glatte Petersilie
100 g weiche Butter
Salz
Pfeffer

Für den Spargel:
1 kg weißer Spargel
Salz
20 g Butter
4 El Olivenöl
1 El Zucker

Für das Fleisch:
800 g Schweinefilet
3 Stangen Staudensellerie
1 ½ l Hühnerfond

1| Für die Kräuterbutter die Kresse abschneiden, abspülen, trocken tupfen und hacken. In eine Schüssel geben. Den Bärlauch waschen, trocknen und hacken. Die Petersilie waschen, trocken schleudern und die Blättchen ebenfalls hacken. Beides zur Kresse geben. Die Butter dazugeben und alles mit etwas Salz und Pfeffer mit einer Gabel verkneten. Die Masse zur Rolle formen und für mindestens 1 Stunde kühl stellen.

2| Den Spargel waschen, trocknen, die unteren holzigen Enden abschneiden und die Stangen schälen. In siedendem Salzwasser mit der Butter in ca. 10 Minuten bissfest garen. Aus dem Topf nehmen, abschrecken und abtropfen lassen.

3| Das Fleisch waschen, trocken tupfen und parieren. Die dünnen Enden des Schweinefilets umschlagen und mit Küchengarn fixieren, sodass das Fleisch überall in etwa gleich dick ist. Den Staudensellerie waschen, trocknen, putzen und in Stücke schneiden. Den Hühnerfond mit dem Staudensellerie aufkochen, dann die Hitze reduzieren. Das Fleisch mit Küchengarn an einen Kochlöffel hängen. Diesen auf den Topf legen, sodass das Fleisch daran hängt und frei in der Flüssigkeit schwimmt. Das Fleisch unter dem Siedepunkt ca. 20 Minuten pochieren. Herausnehmen, in Folie wickeln und ca. 5 Minuten ruhen lassen.

4| Während das Fleisch gart, das Olivenöl in 2 Pfannen erhitzen. Den Spargel trocken tupfen und darin anbraten. Mit dem Zucker bestreuen und kurz karamellisieren lassen. Das Fleisch mit Spargel und Kräuterbutter servieren. Dazu passen neue Kartoffeln.

Zubereitungszeit: ca. 50 Minuten (plus Kühlzeit)
Pro Portion ca. 538 kcal/2260 kJ
40 g E, 39 g F, 8 g KH

Tipp

Bärlauch gibt es nur im Frühling! Außerhalb der Saison können Sie für die Kräuterbutter den Bärlauch problemlos durch eine ausgepresste Knoblauchzehe ersetzen.

SCHWEINEFILET

mit Cranberrys und Steinpilzsauce

Für 4 Portionen

700 g Schweinefilet
Salz
Pfeffer
50 g getrocknete Cranberrys
2 Zweige Rosmarin
4 Schalotten
1 Knoblauchzehe
600 g Steinpilze
3 El Olivenöl
200 ml Weißwein
100 ml Hühnerbrühe
100 ml Sahne
2 El Crème fraîche
2 El frisch gehackte Petersilie

1| Das Schweinefilet waschen, trocken tupfen, parieren und längs weit ein-, aber nicht durchschneiden. Das Fleisch aufklappen. Von allen Seiten salzen und pfeffern. Die Cranberrys hacken und auf dem Schweinefilet verteilen. Das Fleisch wieder zuklappen. Den Rosmarin waschen und trocken tupfen. Auf das Fleisch legen. Das dünnere Ende des Fleisches umklappen, sodass das Fleisch überall in etwa gleich dick ist. Mit Küchengarn fixieren.

2| Schalotten und Knoblauch schälen und hacken. Die Steinpilze feucht abreiben, putzen und je nach Größe in Scheiben schneiden, halbieren oder vierteln.

3| Das Olivenöl in einem Bräter erhitzen. Das Fleisch rundum ca. 6 Minuten braun anbraten. Aus dem Bräter nehmen, dann Schalotten, Knoblauch und Steinpilze im verbliebenen Bratfett ca. 3 Minuten unter Rühren anbraten. Das Fleisch wieder hineingeben und alles mit Weißwein und Hühnerbrühe aufgießen. Den Deckel auflegen und alles bei mittlerer Hitze ca. 20 Minuten schmoren lassen.

4| Nach Ende der Schmorzeit Sahne und Crème fraîche hineinrühren und alles mit Salz und Pfeffer abschmecken. Weitere 5 Minuten köcheln lassen, dann die Petersilie unterrühren. Das Fleisch mit der Steinpilzsauce servieren. Dazu schmecken Schupfnudeln.

Zubereitungszeit: ca. 40 Minuten (plus Schmorzeit)
Pro Portion ca. 462 kcal/1940 kJ
49 g E, 22 g F, 9 g KH

JUNGSCHWEINBRATEN

mit Grießnockerln

1| Ingwer, Knoblauch und Schalotten schälen und hacken. Das Zitronengras waschen, putzen und das weiße Ende mehrere Male längs einschneiden. Rosmarin waschen und trocken tupfen.

2| Den Backofen auf 160 °C vorheizen. Das Fleisch waschen, trocken tupfen, parieren, salzen und pfeffern. Das Olivenöl in einem Bräter erhitzen und das Fleisch darin rundherum ca. 6 Minuten braun anbraten. Mit Weißwein ablöschen, dann Ingwer, Knoblauch, Schalotten, Zitronengras, Rosmarin und Lorbeerblätter hinzugeben. Das Fleisch im Ofen auf der mittleren Schiene ohne Deckel ca. 1 Stunde garen, dabei immer wieder mit Sud begießen.

3| In der Zwischenzeit für die Grießnockerln die Hühnerbrühe mit der Milch und der Zitronenschale aufkochen. Den Grieß dazurieseln lassen und die Mischung mit Salz, Pfeffer und Muskatnuss würzen. Ca. 3 Minuten köcheln lassen, dabei kräftig mit einem Kochlöffel rühren. Den Topf vom Herd nehmen und die Masse leicht abkühlen lassen. Dann das Ei und die Eigelbe unterrühren. Die Masse erkalten lassen.

4| Aus der erkalteten Grießmasse mit einem Esslöffel Nocken abstechen und diese in siedendem Salzwasser ca. 6 Minuten garen, bis sie an der Oberfläche schwimmen. Mit einer Schöpfkelle herausnehmen. Abtropfen und abkühlen lassen. Kurz vor dem Servieren die Butter zerlassen und die Grießnockerln darin zart anbraten. Das Fleisch mit den Grießnockerln und Fleischsud servieren. Dazu passt ein frischer Salat.

Für 4 Portionen

Für den Braten:

5 cm frischer Ingwer
5 Knoblauchzehen
4 Schalotten
2 Stängel Zitronengras
2 Zweige Rosmarin
1 Kotelettstück vom Jungschwein mit 4 Koteletts
Salz
Pfeffer
3 El Olivenöl
200 ml Weißwein
2 Lorbeerblätter

Für die Grießnockerln:

200 ml Hühnerbrühe
175 ml Milch
Schalenspirale von 1 unbehandelten Zitrone
120 g Hartweizengrieß
Salz
Pfeffer
frisch geriebene Muskatnuss
1 Ei
2 Eigelb
50 g Butter

Zubereitungszeit: ca. 75 Minuten
Pro Portion ca. 686 kcal/2879 kJ
57 g E, 36 g F, 26 g KH

SCHWEINERÜCKEN

mit Pesto-Füllung

1| Den Schweinerücken waschen, trocken tupfen und parieren. Dann längs ein-, aber nicht ganz durchschneiden, sodass aufgeklappt ein langes, flaches Fleischstück entsteht. Für die Pesto-Füllung das Weißbrot reiben. Basilikum waschen, trocken schleudern und die Blättchen abzupfen. Den Parmesan raspeln. Knoblauch schälen und grob hacken. Basilikum, Parmesan und Zitronenschale mit dem Olivenöl zu einer Paste mixen. Mit Salz, Pfeffer, Zimt und braunem Zucker würzen. Die Masse halbieren und eine Hälfte mit den Brotbröseln mischen.

2| Das Fleisch salzen, pfeffern und die Innenseite mit der Bröselmischung bestreichen, das restliche Pesto bis zur weiteren Verwendung beiseitestellen. Das Fleisch fest aufrollen, mit Küchengarn fixieren und in Folie gewickelt im Kühlschrank ca. 2 Stunden marinieren.

3| Das Fleisch in nicht zu dünne Scheiben von ca. 3 cm Dicke schneiden, dabei darauf achten, dass die Scheiben weiterhin von Küchengarn fixiert werden. Das Butterschmalz in einer Pfanne zerlassen und das Fleisch von jeder Seite ca. 4 Minuten scharf braten. Herausnehmen und ca. 5 Minuten in Alufolie gewickelt ruhen lassen. Das Fleisch mit dem restlichen Pesto servieren. Dazu passt Couscous oder Bulgursalat.

Für 4 Portionen

800 g ausgelöster Schweinerücken (ein möglichst langes, nicht dickes Stück)

1 Scheibe trockenes Weißbrot

2 Bund Basilikum

60 g Parmesan

4 Knoblauchzehen

1 Tl abgeriebene Schale von 1 unbehandelten Zitrone

100 ml Olivenöl

Salz

Pfeffer

1 Tl Zimt

1 Prise brauner Zucker

2 El Butterschmalz

Zubereitungszeit: ca. 50 Minuten (plus Marinierzeit)
Pro Portion ca. 597 kcal/2505 kJ
51 g E, 41 g F, 7 g KH

SCHWEINEFILET

mit Beerensauce

Für 4 Portionen

600 g Schweinefilet
2 El Butterschmalz
1 El grob zerstoßener Pfeffer
1 El Fleur de Sel
1 Rosmarinzweig
250 g gemischte Beeren (frisch oder TK)
1 unbehandelte Limette
2 cm frischer Ingwer
1 rote Chilischote
1 El Olivenöl
Salz
Pfeffer
Zucker

1| Den Ofen auf 100 °C vorheizen. Das Schweinefilet waschen, trocken tupfen und parieren. Die dünneren Enden umklappen und mit Küchengarn fixieren, sodass das Filet überall in etwa gleich dick ist. Das Butterschmalz in einer Pfanne zerlassen und das Fleisch darin rundherum ca. 5 Minuten braun anbraten. Herausnehmen und mit Pfeffer und Fleur de Sel würzen. Fest in Alufolie wickeln, dabei den gewaschenen und trocken getupften Rosmarinzweig zugeben. Ein Fleischthermometer hineinstecken und das Fleisch auf der mittleren Schiene ca. 30 Minuten im Ofen garen, bis die Kerntemperatur 63 °C anzeigt.

2| In der Zwischenzeit frische Beeren waschen, trocken tupfen und verlesen. TK-Beeren antauen lassen. Die Limette heiß waschen, trocken tupfen und die Schale fein abreiben. Die Frucht auspressen und den Saft mit der Hälfte der Beeren pürieren.

3| Den Ingwer schälen und sehr fein hacken. Die Chilischote halbieren, putzen, innen und außen waschen und in dünne Scheiben schneiden. Das Olivenöl in einem kleinen Topf erhitzen. Ingwer darin ca. 5 Minuten sanft andünsten. Chili dazugeben, kurz mitdünsten, dann die pürierten Beeren und die Limettenschale dazugeben. Alles aufkochen lassen und ca. 5 Minuten köcheln. Mit Salz, Pfeffer und Zucker abschmecken. Kurz vor dem Servieren die ganzen Beeren unterheben und in der Sauce erwärmen. Das Fleisch aus dem Ofen nehmen und in Alufolie gewickelt ca. 5 Minuten ruhen lassen. Mit der Beerensauce servieren. Dazu schmecken Spätzle.

Zubereitungszeit: ca. 30 Minuten (plus Garzeit)
Pro Portion ca. 248 kcal/1115 kJ
34 g E, 11 g F, 3 g KH

SCHWEINEBRATEN

in der Salzkruste

1| Das Fleisch waschen, trocken tupfen und parieren. Den Ingwer schälen und fein reiben. Knoblauch schälen und fein hacken. Die Petersilie waschen, trocken schütteln und die Blättchen ebenfalls fein hacken. Alles mit dem Olivenöl zu einer Paste verrühren und das Fleisch damit einreiben. In einen Gefrierbeutel geben, dabei darauf achten, dass das Fleisch komplett mit der Würzpaste bedeckt ist. Für 1 Tag im Kühlschrank marinieren.

2| Am nächsten Tag den Backofen auf 160 °C vorheizen. Das Salz mit dem Eiweiß und dem Mehl verrühren, ggf. etwas Wasser dazugeben. In einer ausreichend großen, ofenfesten Form aus etwa ⅓ des Salzes ein Salzbett formen. Das Fleisch mitsamt der Marinade darauflegen. Mit feuchten Händen das restliche Salz um das Fleisch herumhäufen und andrücken, bis das Fleisch komplett von einer Salzschicht umhüllt ist.

3| Den Braten auf der mittleren Schiene im Ofen ca. 1 ½ Stunden backen. Danach die Salzkruste aufklopfen und entfernen. Dazu passen Kartoffelecken, ein frischer Salat und eine Meerrettich-Sabayon (siehe S. 64).

Für 4 Portionen

1 kg Schweinebraten (Nuss)
8 cm frischer Ingwer
4 Knoblauchzehen
1 Bund glatte Petersilie
4 El Olivenöl
2 kg grobes Salz
3 Eiweiß
6 El Mehl

Zubereitungszeit: ca. 30 Minuten (plus Marinier- und Garzeit)
Pro Portion ca. 355 kcal/1491 kJ
44 g E, 20 g F, 0 g KH

SCHWEINEGULASCH

herrlich asiatisch

Für 4 Portionen

800 g Schweinefleisch aus dem Nacken oder aus der Schulter
250 g Schalotten
4 Möhren
7 Knoblauchzehen
1 unbehandelte Orange
1 Tl Kardamomsamen
½ Tl Fenchelsamen
½ Tl Kreuzkümmel
1 Msp. Zimtpulver
3 El Butterschmalz
Salz
Pfeffer
100 ml Sherry
50 ml Sojasauce
300 ml Hühnerbrühe
3 Lorbeerblätter
1 getrocknete Chilischote
1 Bund Koriander

1| Das Schweinefleisch in Würfel von ca. 3 cm Kantenlänge schneiden. Die Schalotten schälen. Die Möhren putzen, schälen und sehr klein würfeln. Knoblauch schälen und hacken. Die Orange heiß waschen, trocken reiben und die Schale fein abreiben. Die Frucht auspressen. Kardamom-, Fenchel- und Kreuzkümmelsamen mahlen und mit dem Zimt mischen.

2| Das Butterschmalz in einem Bräter erhitzen und das Fleisch darin portionsweise scharf anbraten. Dann herausnehmen, mit der Gewürzmischung bestäuben, salzen und pfeffern. Die Möhren und Schalotten im verbliebenen Bratfett anbraten, dann das gewürzte Fleisch, den Knoblauch und die Orangenschale hinzugeben. Alles mit Sherry ablöschen und die Flüssigkeit fast ganz einkochen lassen. Dann den Orangensaft, die Sojasauce und die Brühe dazugießen. Die Lorbeerblätter einlegen und die getrocknete Chilischote hineinbröseln. Alles bei geschlossenem Deckel ca. 40 Minuten bei milder Hitze schmoren lassen.

3| Den Koriander waschen, trocken schütteln und die Blättchen abzupfen. Nach Ende der Garzeit das Gulasch nochmals mit Salz und Pfeffer abschmecken und die Korianderblätter unterheben. Dazu passt Reis.

Zubereitungszeit: ca. 40 Minuten (plus Schmorzeit)
Pro Portion ca. 619 kcal/2598 kJ
47 g E, 40 g F, 12 g KH

LAMM

*Gebraten, geschmort oder pochiert –
Lammfleisch schmeckt immer köstlich!
Lassen Sie sich von unseren
raffinierten Rezepten begeistern.*

LAMMKOTELETTS

mit Linsen-Avocado-Salat

Für 4 Portionen

Für die Lammkoteletts:

je 1 Tl Pfefferkörner, Kreuzkümmel-, Koriander- und Fenchelsamen
2 getrocknete Chilischoten
3 Knoblauchzehen
3 El Olivenöl
12 Lammkoteletts
Salz
Pfeffer
Öl zum Braten

Für den Salat:

250 g Beluga-Linsen
1 Bund glatte Petersilie
½ Bund Minze
1 rote Zwiebel
1 kleine Gurke
1 Avocado
2 El Zitronensaft
3 El Olivenöl
Salz
Pfeffer

1| Für die Lammkoteletts Gewürze und Chilischote in einen Mörser geben und grob zerstoßen. Knoblauch schälen und in Scheiben schneiden. Alles mit Olivenöl verrühren. Die Lammkoteletts waschen, trocken tupfen und mit der Gewürzmischung einreiben und im Kühlschrank in Folie gewickelt ca. 2 Stunden marinieren. Dann aus dem Kühlschrank nehmen und in ca. 30 Minuten auf Zimmertemperatur erwärmen.

2| Für den Salat die Linsen abspülen, dann in einen Topf mit ausreichend kaltem Wasser geben. Bei mittlerer Hitze in ca. 20 Minuten gar kochen. Die Linsen in ein Sieb abgießen, abschrecken und abtropfen lassen. Petersilie und Minze waschen, trocken schütteln und die Blättchen hacken. Die Zwiebel schälen und sehr fein würfeln. Die Gurke waschen, putzen, schälen und längs halbieren. Mit einem Teelöffel die Kerne herausschaben, das Fruchtfleisch würfeln.

3| Linsen, Kräuter, Zwiebeln und Gurkenwürfel in einer Schüssel mischen. Die Avocado schälen, das Fruchtfleisch vom Stein schneiden und würfeln. Sofort mit dem Zitronensaft mischen. Zusammen mit dem Öl unter den Salat heben. Alles kräftig mit Salz und Pfeffer abschmecken.

4| Die Gewürze von den Lammkoteletts grob abstreifen. In 2 Pfannen jeweils etwas Öl erhitzen. Die Koteletts salzen und pfeffern und bei starker Hitze von jeder Seite ca. 3 Minuten braten. In Alufolie gewickelt ca. 3 Minuten ruhen lassen. Die Koteletts mit dem ausgetretenen Fleischsaft und dem Salat servieren.

Zubereitungszeit: ca. 30 Minuten (plus Marinier- und Kochzeit)
Pro Portion ca. 1171 kcal/4919 kJ
55 g E, 92 g F, 33 g KH

Tipp

Beluga-Linsen haben optisch große Ähnlichkeit mit Kaviar und gelten ebenso wie dieser mit ihrem zarten, nussigen Geschmack als Delikatesse. Beim Kochen bleiben sie knackig und zerfallen nicht so leicht wie andere Linsen.

PROVENZALISCHES LAMM

mit bunten Gemüsewürfeln

Für 4 Portionen

Für das Gemüse:
100 g Pinienkerne
2 Zweige Rosmarin
400 g festkochende Kartoffeln
1 Möhre
1 Fenchelknolle
1 Kohlrabi
5 El Olivenöl
Salz
Pfeffer

Für das Lammfleisch:
30 g getrocknete Tomaten
4 Lammlachse (à ca. 180 g)
Salz
Pfeffer
200 g schwarze Oliven (ohne Stein)
1 Schalotte
2 Knoblauchzehen
½ Bund glatte Petersilie
4 El Olivenöl
1 El Semmelbrösel

1| Für das Gemüse die Pinienkerne in einer Pfanne ohne Fett goldgelb rösten, dann beiseitestellen. Rosmarin waschen, trocken tupfen und die Nadeln hacken. Die Kartoffeln waschen, schälen und in kleine Würfel von ½ cm Kantenlänge schneiden. Möhre, Fenchel und Kohlrabi ebenfalls waschen, putzen, gegebenenfalls schälen und klein würfeln.

2| Als Nächstes die Lammkruste vorbereiten. Dazu die getrockneten Tomaten ca. 10 Minuten in heißem Wasser einweichen. Die Lammlachse waschen, trocken tupfen, parieren, salzen und pfeffern. Die Tomaten ausdrücken und hacken. Die Oliven ebenfalls hacken. Schalotte und Knoblauch schälen und hacken. Die Petersilie waschen, trocken schütteln und die Blättchen fein hacken. 2 Esslöffel Olivenöl in einer Pfanne erhitzen und die Schalotten darin andünsten. Dann Knoblauch, Oliven und Tomaten hinzugeben und alles ca. 5 Minuten bei milder Hitze dünsten. Die Petersilie dazugeben und zusammenfallen lassen. Dann alles abkühlen lassen, salzen, pfeffern und mit den Semmelbröseln verkneten.

3| Für das Gemüse das Olivenöl in einer ausreichend großen Pfanne erhitzen und die Kartoffelwürfel ca. 10 Minuten darin braten. Dann das restliche Gemüse hinzugeben, alles salzen und pfeffern und mit dem Rosmarin würzen. Den Deckel auflegen und die Mischung bei milder Hitze weitere 10 Minuten garen. Dann den Deckel wieder abnehmen, die Pinienkerne unterheben und alles warm halten, bis das Fleisch fertig ist.

4| Den Backofengrill vorheizen. Ein Backblech mit Backpapier auslegen. Das restliche Öl in 2 Pfannen erhitzen und die Lammlachse bei starker Hitze von beiden Seiten jeweils ca. 3 Minuten braten. Dann auf das Backblech legen und die Olivenkruste darauf verteilen. Unter dem Grill ca. 4 Minuten gratinieren. Herausnehmen und zusammen mit dem Gemüse servieren.

Zubereitungszeit: ca. 70 Minuten
Pro Portion ca. 885 kcal/3717 kJ
51 g E, 63 g F, 28 g KH

LAMMHAXEN

mit Schmorgemüse

1| Für die Kräuterbutter den Knoblauch in Zehen zerteilen, 2 Zehen schälen und hacken. Die Kräuter waschen und trocken tupfen. Von 1 Rosmarinzweig, 2 Stängeln Oregano und dem gesamten Thymian die Nadeln bzw. Blättchen abzupfen, die restlichen Kräuter beiseitelegen. Die Nadeln bzw. Blättchen der Kräuter, die Hälfte der Salbeiblätter und die Zitronenschale fein hacken. Alles mit der weichen Butter vermengen. Salzen und pfeffern.

2| Den Backofen auf 200 °C vorheizen. Das Fleisch waschen und trocken tupfen. Mit einem spitzen Messer das Fleisch der Haxen direkt am Knochen rundum etwas einschneiden, sodass ein Spalt zwischen Fleisch und Knochen entsteht. Die Kräuterbutter darin verteilen.

3| Für das Gemüse die Möhren waschen, putzen, schälen und in Scheiben schneiden. Die Zwiebel schälen und in feine Ringe schneiden. Den Lauch waschen, putzen und das Weiße und Hellgrüne in Ringe schneiden. Das Gemüse in einer Schüssel mischen, dabei salzen und pfeffern.

4| 4 ausreichend große Alufolienstücke abschneiden und diese einmal falten, sodass sie verstärkt sind. Das Gemüse jeweils mittig darauf platzieren. Die restlichen Knoblauchzehen in der Schale andrücken und auf dem Gemüse verteilen. Die Haxen salzen, pfeffern und mit Olivenöl bestreichen. Die restlichen Kräuter darauflegen und die Haxen auf das Gemüse setzen.

5| Die Alufolie an allen Seiten hochklappen und den Weißwein hineingießen. Dann die Alufolie oben um die Knochen herum festdrücken. Die Haxen auf der mittleren Schiene ca. 2 ½ Stunden im Ofen weich schmoren. Mit dem Gemüse und dem entstandenen Bratsud servieren. Dazu passen knuspriges Weißbrot oder Rosmarinkartoffeln.

Für 4 Portionen

1 Knoblauch
5 Zweige Rosmarin
6 Stängel Oregano
3 Zweige Thymian
10 Salbeiblätter
1 Tl abgeriebene Schale von 1 unbehandelten Zitrone
125 g weiche Butter
Salz
Pfeffer
4 Lammhaxen
2 Möhren
1 rote Zwiebel
1 Stange Lauch
4 El Olivenöl
250 ml Weißwein

Zubereitungszeit: ca. 40 Minuten (plus Schmorzeit)
Pro Portion ca. 603 kcal/2531 kJ
39 g E, 43 g F, 6 g KH

LAMMPÄCKCHEN

mit Tomatenragout

Für 4 Portionen

Für das Ragout:
2 Schalotten
1 Knoblauchzehe
1 Chilischote
500 g Kirschtomaten
4 El Olivenöl
Salz
Pfeffer

Für das Fleisch:
4 Lammlachse (à ca. 180 g)
Salz
Pfeffer
je 1 Bund Basilikum, Oregano und Thymian
½ Bund Salbei
2 Knoblauchzehen
2 El mittelscharfer Senf
1 Eigelb
100 ml Olivenöl
8 Brickteigblätter
2 Rosmarinzweige

1| Für das Ragout die Schalotten und den Knoblauch schälen und hacken. Die Chilischote längs halbieren, waschen, putzen und hacken. Die Kirschtomaten waschen, trocken tupfen, putzen und halbieren. Das Olivenöl in einer Pfanne erhitzen und die Schalotten darin anschwitzen. Knoblauch und Chili zugeben, kurz mitdünsten, dann die Kirschtomaten einrühren. Alles salzen und pfeffern und ca. 20 Minuten offen köcheln lassen.

2| Inzwischen die Lammlachse waschen, trocken tupfen und parieren, dann salzen und pfeffern. Basilikum, Oregano, Thymian und Salbei waschen und trocken tupfen, die Blättchen hacken. Knoblauch schälen und fein hacken. Kräuter und Knoblauch mit Senf und Eigelb verrühren, dann salzen und pfeffern.

3| 3 Esslöffel Olivenöl in einer Pfanne erhitzen und die Lammlachse von beiden Seiten ca. 3 Minuten kräftig anbraten. Dann aus der Pfanne nehmen und etwas abkühlen lassen. Die Lammlachse längs halbieren und rundherum mit der Kräutermasse bedecken. Die Brickteigblätter auf der Arbeitsfläche ausbreiten. Jeweils ein Fleischstück darauflegen, die Seiten umklappen und das Fleisch in das Teigblatt wickeln. Dabei die Ränder befeuchten und gut festdrücken.

4| Den Backofen auf 180 °C vorheizen. Ein Backblech mit Backpapier auslegen. Rosmarin abspülen, trocken tupfen und in Stücke schneiden. Das restliche Olivenöl in einer Pfanne erhitzen und die Fleischpäckchen mit der Hälfte des Rosmarins darin ca. 5 Minuten goldgelb ausbacken. Herausnehmen und kurz auf Küchenkrepp abtropfen lassen. Die Fleischpäckchen mit dem restlichen Rosmarin auf dem Backblech verteilen und im Ofen in weiteren 10 Minuten knusprig backen. Mit dem Tomatenragout servieren.

Zubereitungszeit: ca. 60 Minuten (plus Backzeit)
Pro Portion ca. 1520 kcal/6385 kJ
87 g E, 126 g F, 11 g KH

Tipp

Brickteig ist ein dünner Strudelteig, der in französischsprachigen orientalischen Ländern verbreitet ist. Sie können ihn auch durch das griechische Pendant, den Filo-Teig, oder die türkische Variante, den Yufka-Teig, ersetzen.

POCHIERTE LAMMKEULE

mit Sauce vert

1| Den Backofen auf 90 °C vorheizen. Lauch waschen, trocknen, putzen und in Stücke schneiden. Möhren und Sellerie waschen, putzen, schälen und grob würfeln. Zwiebeln und Knoblauch schälen und grob hacken. Alles mit den Lorbeerblättern in einen Bräter geben, die Gemüsebrühe dazugießen und aufkochen lassen.

2| Das Fleisch waschen, trocken tupfen und parieren. Thymian und Rosmarin waschen und trocken tupfen. Die Blättchen bzw. Nadeln abzupfen. Das Fleisch zusammen mit den Kräutern und den Gewürzkörnern in den kochenden Sud legen, dabei darauf achten, dass das Fleisch komplett mit Flüssigkeit bedeckt ist, ansonsten noch weitere Gemüsebrühe nachgießen. Etwas Salz und Pfeffer dazugeben. Den Deckel auflegen, die Hitze reduzieren und alles für ca. 3 Stunden im Ofen unter dem Siedepunkt pochieren lassen.

3| Für die Sauce vert Minze und Petersilie waschen, trocken schütteln, die Blättchen abzupfen. Die Kapern abspülen. Die Schalotten schälen und grob hacken. Die Zitrone heiß waschen und trocken reiben. Die Schale dünn abreiben und den Saft auspressen. Minze, Petersilie, Kapern, Schalotten und die Zitronenschale mit dem Olivenöl glatt pürieren (eventuell noch 1–2 Esslöffel Wasser dazugeben). Den Senf unterrühren, alles salzen, pfeffern und mit 1 Prise Zucker und dem Zitronensaft abschmecken. Bis zum Servieren kühl stellen.

4| Nach Ende der Garzeit das Fleisch aus dem Sud heben und in dünne Scheiben schneiden. Mit der Sauce servieren. Dazu passt Kartoffelgratin und ein Wildkräutersalat.

Für 4–6 Portionen

Für das Fleisch:
2 Stangen Lauch
3 Möhren
½ Knollensellerie
2 Zwiebeln
2 Knoblauchzehen
3 Lorbeerblätter
2 l Gemüsebrühe
1 Lammkeule ohne Knochen (ca. 1 kg)
½ Bund Thymian
2 Zweige Rosmarin
je 10 Piment- und Pfefferkörner
Salz
Pfeffer

Für die Sauce vert:
je ½ Bund Minze und glatte Petersilie
1 El Kapern
2 Schalotten
1 unbehandelte Zitrone
6 El Olivenöl
1 El Dijonsenf
Salz
Pfeffer
Zucker

Zubereitungszeit: ca. 40 Minuten (plus Garzeit)
Bei 4 Portionen pro Portion ca. 734 kcal/3084 kJ
48 g E, 59 g F, 4 g KH

LAMMLACHSE

mit Shiitake-Ratatouille

Für 4 Portionen

Für die Ratatouille:
50 g getrocknete Tomaten
250 g Shiitake-Pilze
2 kleine Zucchini
100 g schwarze Oliven (ohne Stein)
1 Zwiebel
2 Knoblauchzehen
2 El Olivenöl
250 ml Rotwein
100 ml Gemüsebrühe
Salz
Pfeffer

Für das Fleisch:
4 Zweige Rosmarin
4 Lammlachse (à ca. 150 g)
Salz
Pfeffer
2 getrocknete Chilischoten
2 El Olivenöl

1| Für die Ratatouille die Tomaten mit kochendem Wasser übergießen und ca. 10 Minuten quellen lassen. Dann leicht ausdrücken und fein hacken. Die Pilze feucht abreiben, putzen und je nach Größe vierteln oder in Scheiben schneiden. Zucchini waschen, putzen und würfeln. Die Oliven halbieren. Zwiebel und Knoblauch schälen und hacken.

2| Das Olivenöl in einer Pfanne erhitzen. Zwiebeln und Knoblauch unter Rühren bei mittlerer Hitze ca. 3 Minuten anbraten. Dann Pilze, Tomaten, Zucchini und Oliven hinzugeben. Weitere 3 Minuten braten, dann den Rotwein und die Gemüsebrühe hinzugießen. Alles ca. 12 Minuten offen einkochen lassen, zum Schluss mit Salz und Pfeffer abschmecken.

3| Den Backofen auf 70 °C vorheizen. Ein Backblech mit Backpapier auslegen. Rosmarin waschen und trocken tupfen. Das Fleisch waschen, trocken tupfen und parieren, dann salzen, pfeffern und die zerbröselten Chilischoten daraufstreuen. Jeweils 1 Rosmarinzweig auflegen und diesen mit Küchengarn fixieren. Das Öl in einer Pfanne erhitzen und die Lammlachse von jeder Seite ca. 4 Minuten kräftig anbraten. Dabei nur einmal wenden. Die Lammlachse auf das Backblech legen und ca. 10 Minuten im Ofen nachziehen lassen. Das Fleisch mit dem Gemüse servieren. Dazu schmeckt Reis.

Zubereitungszeit: ca. 40 Minuten (plus Zeit zum Ziehen)
Pro Portion ca. 459 kcal/1928 kJ
36 g E, 26 g F, 11 g KH

Tipp

Shiitake haben ihre kulinarische Heimat in der asiatischen Küche, werden aber auch bei uns immer beliebter. Die aromatischen Pilze wachsen an der Rinde von Laubbäumen und lassen sich leicht kultivieren.

LAMMRAGOUT

mit Quitten

Für 4 Portionen

800 g Lammfleisch aus der Keule
1 unbehandelte Zitrone
4 cm Ingwer
2 Knoblauchzehen
3 El Olivenöl
Salz
Pfeffer
250 ml Weißwein
1 Lorbeerblatt
1 Sternanis
1 El Senfpulver
1 Tl Zimt
500 g Quitten
250 ml Sahne
½ Bund Salbei
1 El Butter

1| Das Fleisch waschen, trocken tupfen, parieren und in ca. 3 cm große Würfel schneiden. Die Zitrone heiß waschen und trocken reiben. Die Schale fein abreiben und die Frucht auspressen. Den Ingwer und den Knoblauch schälen und fein hacken.

2| Das Olivenöl in einem Bräter erhitzen. Das Fleisch rundum braun anbraten, dann salzen und pfeffern. Ingwer, Zitronenschale und Knoblauch zugeben. Alles ca. 2 Minuten anschwitzen, dann mit Weißwein ablöschen und den Zitronensaft hinzugeben. Lorbeerblatt und Sternanis einlegen. Senf und Zimt unterrühren. Den Deckel auflegen und alles ca. 2 Stunden sanft schmoren lassen.

3| In der Zwischenzeit die Quitten waschen, schälen und vierteln. Die Kerngehäuse entfernen und das Fruchtfleisch würfeln. Ca. 40 Minuten vor Garzeitende zum Fleisch geben und darin weich dünsten. Die Sahne unterrühren, aufkochen lassen und alles mit Salz und Pfeffer abschmecken.

4| Den Salbei waschen, trocken schütteln und die Blättchen abzupfen. Die Salbeiblätter in der Butter kross braten und über das Ragout streuen. Dazu passt Kartoffelpüree.

Zubereitungszeit: ca. 40 Minuten (plus Schmorzeit)
Pro Portion ca. 810 kcal/3401 kJ
39 g E, 62 g F, 14 g KH

LAMM-BEINSCHEIBEN

mit buntem Schmorgemüse

1| Die Kartoffeln waschen, schälen und halbieren. Die Zwiebeln schälen und in feine Scheiben schneiden. Knoblauch schälen und in Stifte schneiden. Paprika halbieren, putzen, innen und außen waschen und in Streifen schneiden. Die Tomaten waschen, putzen und grob hacken. Das Gemüse in einer Schüssel mischen und mit Salz und Pfeffer würzen.

2| Den Backofen auf 180 °C vorheizen. Rosmarin waschen und trocken tupfen. Die Beinscheiben abspülen, trocken tupfen und salzen. Das Butterschmalz erhitzen und die Beinscheiben bei starker Hitze von beiden Seiten ca. jeweils 2 Minuten anbraten, dann herausnehmen. Mit dem Gemüse in der Fettpfanne des Backofens verteilen. Weißwein und Lammfond dazugießen. Den Rosmarin darauflegen und alles mit Alufolie bedecken. Auf der mittleren Schiene ca. 2 Stunden schmoren. 30 Minuten vor Ende der Garzeit die Alufolie entfernen.

3| Vor dem Servieren den Oregano waschen, trocken schütteln und die Blättchen abzupfen. Mit dem Olivenöl pürieren. Das Fleisch mit Gemüse und Oreganoöl servieren.

Für 4 Portionen

1 kg festkochende Kartoffeln
2 rote Zwiebeln
4 Knoblauchzehen
500 g rote Paprikaschoten
500 g Tomaten
Salz
Pfeffer
4 Zweige Rosmarin
4 große Lamm-Beinscheiben (à ca. 300 g)
2 El Butterschmalz
250 ml Weißwein
250 ml Lammfond
1 Bund Oregano
2 El Olivenöl

Zubereitungszeit: ca. 50 Minuten (plus Schmorzeit)
Pro Portion ca. 638 kcal/2681 kJ
52 g E, 19 g F, 51 g KH

LAMMGESCHNETZELTES

mit mediterranem Gemüse

Für 4 Portionen

500 g Spitzpaprika
600 g Tomaten
1 rote Zwiebel
2 Knoblauchzehen
2 kleine Zucchini
1 Zweig Rosmarin
2 Zweige Thymian
800 g Lammfleisch aus der Schulter oder Keule
8 El Olivenöl
Salz
Pfeffer
150 g schwarze Oliven ohne Stein
Zucker

1| Paprika längs halbieren, putzen, innen und außen waschen, trocken tupfen und in Streifen schneiden. Tomaten putzen, kreuzweise einschneiden, überbrühen, häuten und entkernen. Das Fruchtfleisch in Spalten schneiden. Die Zwiebel schälen und in dünne Scheiben schneiden. Knoblauch schälen und in Stifte schneiden. Zucchini waschen, putzen und würfeln. Die Kräuter waschen, trocken tupfen und die Blättchen und Nadeln abzupfen und hacken.

2| Das Fleisch waschen, trocken tupfen und parieren. In dünne Scheiben, dann in Streifen schneiden. 4 Esslöffel Öl in einem Bräter erhitzen und das Lammfleisch portionsweise darin scharf anbraten, bis es leicht gebräunt ist. Dann herausnehmen und beiseitestellen.

3| Das restliche Olivenöl in den Bratensatz geben und Zwiebeln, Paprikastreifen und Zucchiniwürfel dazugeben. Ebenfalls scharf anbraten, dann herausnehmen. Nun die Tomaten in den Bratensatz geben, den Knoblauch dazugeben und alles mit Salz und Pfeffer würzen. Unter Rühren aufkochen lassen, dann das Fleisch und das angebratene Gemüse wieder dazugeben. Die Kräuter und die halbierten Oliven unterrühren. Alles mit geschlossenem Deckel bei milder Hitze ca. 30 Minuten schmoren lassen. Zum Schluss mit Salz, Pfeffer und 1 Prise Zucker abschmecken.

Zubereitungszeit: ca. 60 Minuten (plus Garzeit)
Pro Portion ca. 851 kcal/3573 kJ
41 g E, 69 g F, 17 g KH

LAMMLACHSE

mit Peperonata

1| Das Fleisch waschen, trocken tupfen und parieren. Knoblauch schälen und in Scheiben schneiden. Die Kräuter waschen, trocken schütteln und die Blättchen und Nadeln grob hacken. Die Pfefferkörner im Mörser andrücken. Alles mit der Hälfte des Olivenöls verrühren und damit das Fleisch einreiben. In Folie gewickelt im Kühlschrank ca. 4 Stunden marinieren lassen. Dann aus dem Kühlschrank nehmen und auf Zimmertemperatur bringen.

2| Den Backofen auf 70 °C vorheizen, dabei eine ofenfeste Form, in der das Fleisch Platz findet, mit erwärmen. Die Marinade mit einem Messerrücken vom Fleisch schaben. Das Fleisch salzen und pfeffern. Das restliche Öl in zwei Pfannen erhitzen und das Fleisch von beiden Seiten ca. 2 Minuten anbraten. In die Form legen und im Ofen auf der mittleren Schiene weitere 40 Minuten garen.

3| Inzwischen für die Peperonata die Zucchini waschen, putzen und klein würfeln. Die Paprikaschoten halbieren, putzen, innen und außen waschen, trocken tupfen und in schmale Streifen schneiden. Zwiebel und Knoblauch schälen und fein hacken. Tomaten putzen, kreuzweise einritzen, überbrühen, häuten und entkernen. Das Fruchtfleisch hacken. Chili halbieren, putzen, waschen und hacken. Die Kapern in ein Sieb geben, abspülen und trocken tupfen.

4| Das Olivenöl in einer der Fleisch-Pfannen erhitzen. Zuerst die Zwiebeln darin anschwitzen, dann Paprikastreifen, Zucchiniwürfel, Knoblauch und Chili dazugeben. Ca. 5 Minuten unter Rühren mitbraten, dann die Tomaten hinzufügen. Alles salzen und pfeffern. Ohne Deckel bei milder Hitze ca. 10 Minuten schmoren. Dabei immer wieder umrühren. Zum Schluss die Kapern unterheben und ca. 5 Minuten mitschmoren. Vor dem Servieren die Petersilie unterheben. Das Fleisch mit der Peperonata servieren.

Für 4 Portionen

Für das Fleisch:
700 g Lammlachse
2 Knoblauchzehen
½ Bund Minze
2 Zweige Rosmarin
½ Bund Oregano
10 Pfefferkörner
4 El Olivenöl
Salz
Pfeffer

Für die Peperonata:
1 kleine Zucchini
je 2 rote und gelbe Paprikaschoten
1 Zwiebel
3 Knoblauchzehen
3 Fleischtomaten
1 Chilischote
3 El kleine Kapern
2 El Olivenöl
Salz
Pfeffer
2 El frisch gehackte Petersilie

Zubereitungszeit: ca. 50 Minuten (plus Marinier- und Garzeit)
Pro Portion ca. 425 kcal/1783 kJ
40 g E, 23 g F, 14 g KH

LAMMBRATEN

mit schwarzen Oliven

Für 4 Portionen

½ Bund Oregano
1 unbehandelte Zitrone
800 g Lammfleisch aus der Keule (ohne Knochen)
Salz
Pfeffer
1 El Mehl
5 El Olivenöl
250 ml Lammfond
1 getrocknete Chilischote
120 g schwarze Oliven (ohne Stein)
30 g eiskalte Butter

1| Den Oregano waschen, trocknen, die Blättchen abstreifen und hacken. Die Zitrone heiß waschen, trocknen, 1 Teelöffel Schale dünn abreiben und die Frucht auspressen. Das Fleisch waschen, trocken tupfen und parieren, dann salzen, pfeffern und rundum mit Mehl bestäuben.

2| Das Olivenöl in einem Bräter erhitzen und das Fleisch rundherum kräftig darin anbraten. Mit der Hälfte des Lammfonds ablöschen und diesen aufkochen lassen. Oregano, 2 Esslöffel Zitronensaft, die Zitronenschale und die zerbröselte Chilischote zugeben. Alles mit geschlossenem Deckel bei milder Hitze ca. 2 Stunden schmoren lassen, dabei immer wieder mit Sauce begießen. Die Oliven zur Hälfte hacken, die restlichen Oliven ganz belassen. Ca. 30 Minuten vor Garzeitende unter die Sauce rühren.

3| Nach Ende der Garzeit das Fleisch herausnehmen und in Alufolie gewickelt ca. 5 Minuten ruhen lassen. Die Sauce bei starker Hitze einkochen lassen, dann vom Herd nehmen und die Butter in kleinen Flöckchen unter die nicht mehr kochende Sauce rühren. Die Sauce durch ein Sieb passieren. Den Braten mit der Sauce servieren. Dazu passen Rosmarinkartoffeln und Buschbohnen.

Zubereitungszeit: ca. 30 Minuten (plus Schmorzeit)
Pro Portion ca. 771 kcal/3236 kJ
42 g E, 66 g F, 5 g KH

LAMMRAGOUT

mit Trockenfrüchten

Für 4 Portionen

900 g Lammfleisch aus der Schulter oder der Keule
je 2 Tl Kreuzkümmel-, Koriander- und Anispulver
1 getrocknete Chilischote
1 El Mehl
Salz
Pfeffer
2 rote Zwiebeln
1 Möhre
3 Knoblauchzehen
4 cm Ingwer
4 El Olivenöl
250 ml Rotwein
400 ml Rinderfond
Schalenspirale von 1 unbehandelten Orange
1 Msp. Zimt
100 g getrocknete Aprikosen
5 getrocknete Feigen
20 grüne Oliven (ohne Stein)
1 Bund glatte Petersilie

1| Das Fleisch waschen, trocken tupfen und parieren, dann in Würfel schneiden. Alle trockenen Gewürze und die zerbröselte Chilischote mit dem Mehl mischen. Etwas Salz und Pfeffer unterrühren. Das Fleisch in der Gewürzmischung wenden.

2| Die Zwiebeln schälen und hacken. Die Möhre waschen, putzen, schälen und klein würfeln. Knoblauch und Ingwer schälen und fein hacken. Das Olivenöl in einem Bräter erhitzen. Das Fleisch darin portionsweise bei kräftiger Hitze anbraten, herausnehmen. Dann die Zwiebeln und die Möhren im Bratfett unter Rühren ca. 3 Minuten anbraten. Knoblauch und Ingwer dazugeben und alles mit dem Rotwein ablöschen. Sprudelnd zur Hälfte einkochen lassen, dann den Rinderfond dazugießen. Die Orangenschale und den Zimt dazugeben. Das Fleisch wieder in den Bräter geben und alles bei milder Hitze ca. 1 ½ Stunden schmoren lassen.

3| Die Aprikosen und Feigen klein würfeln. Ca. 30 Minuten vor Garzeitende zusammen mit den halbierten Oliven unterrühren. Bei Bedarf noch etwas Rotwein nachgießen. Nach Garzeitende alles mit Salz und Pfeffer abschmecken. Die Petersilie waschen, trocken schütteln und die Blättchen hacken. Unter das Ragout heben. Dazu passt Couscous.

Zubereitungszeit: ca. 40 Minuten (plus Schmorzeit)
Pro Portion ca. 842 kcal/3535 kJ
48 g E, 55 g F, 28 g KH

LAMMKOTELETTS

mit Kartoffelgratin

1| Den Backofen auf 200 °C vorheizen. Für das Gratin die Kartoffeln waschen, schälen und in dünne Scheiben schneiden. Knoblauch schälen und halbieren. Eine ausreichend große, flache Auflaufform mit dem Knoblauch ausstreichen, dann mit Butter einfetten. Die Kartoffelscheiben dachziegelartig in die Form legen. Jede Lage salzen, pfeffern und mit 1 Prise Muskat würzen. Zum Schluss alles mit Sahne begießen, dabei so viel Sahne verwenden, dass die Flüssigkeit bis zur oberen Schicht reicht, diese jedoch nicht bedeckt. Das Gratin auf der mittleren Schiene ca. 40 Minuten garen, ggf. gegen Ende der Garzeit mit Alufolie bedecken, damit die Oberfläche nicht zu dunkel wird.

2| Inzwischen für die Lammkoteletts den Lauch waschen, putzen und das Weiße fein würfeln. Rosmarin waschen, trocken tupfen und die Nadeln fein hacken. Den Parmesan raspeln. Die Butter in einer Pfanne zerlassen und den Lauch ca. 8 Minuten darin bei milder Hitze garen. Währenddessen salzen, pfeffern und den Rosmarin unterrühren. Zum Schluss den Parmesan unterheben und die Mischung in eine Schüssel umfüllen.

3| Die Lammkoteletts waschen und trocken tupfen. Das Olivenöl in zwei Pfannen erhitzen und die Lammkoteletts von jeder Seite ca. 3 Minuten scharf braten, dabei nur einmal wenden. Die Koteletts pfeffern, auf ein mit Backpapier ausgelegtes Backblech legen und mit der Lauchmischung bestreichen. Lose mit Alufolie abdecken.

4| Für die Sauce die Schalotten schälen und fein hacken. In einer der Fleischpfannen unter Rühren ca. 3 Minuten anschwitzen, dann mit dem Lammfond ablöschen. Bei starker Hitze um ¾ einkochen lassen. Durch ein Sieb passieren. Die eiskalte Butter zum Binden in Flöckchen unterrühren. Mit Salz und Pfeffer abschmecken. Den Backofengrill vorheizen. Das Fleisch unter dem Grill ca. 5 Minuten gratinieren. Die Koteletts mit Kartoffelgratin und Sauce servieren. Dazu passt Bohnensalat.

Für 4 Portionen

Für das Kartoffelgratin:
800 g festkochende Kartoffeln
1 Knoblauchzehe
2 El Butter zum Einfetten
Salz
Pfeffer
frisch geriebene Muskatnuss
250 ml Sahne

Für die Lammkoteletts:
2 Stangen Lauch
2 Zweige Rosmarin
70 g Parmesan
2 El Butter
Salz
Pfeffer
12 Lammkoteletts
4 El Olivenöl
2 Schalotten
400 ml Lammfond
30 g eiskalte Butter

Zubereitungszeit: ca. 60 Minuten
Pro Portion ca. 1605 kcal/6740 kJ
62 g E, 136 g F, 35 g KH

LAMMCURRY

herrlich exotisch

Für 4 Portionen

2 getrocknete Chilischoten
4 Tl Koriander
je 2 Tl Kreuzkümmel-, Senf-, Fenchel- und Bockshornkleesamen
900 g Lammfleisch aus der Schulter oder der Keule
5 Schalotten
5 cm Ingwer
6 Knoblauchzehen
2 Fleischtomaten
5 El Butterschmalz
10 frische Curryblätter
Salz
Pfeffer

1| Die Chilischoten zerbröseln. Mit Koriander, Kreuzkümmel-, Senf-, Fenchel- und Bockshornkleesamen in einer heißen Pfanne ca. 4 Minuten rösten. Abkühlen lassen, dann fein mahlen.

2| Das Fleisch waschen, trocken tupfen und parieren, dann in ca. 3 cm große Würfel schneiden. Schalotten, Ingwer und Knoblauch schälen und hacken. Die Tomaten waschen, die Stielansätze entfernen und die Früchte hacken.

3| Das Butterschmalz in einem Bräter zerlassen und die Schalotten mit dem Ingwer darin bei mittlerer Hitze anschwitzen. Den Knoblauch und die Curryblätter hineingeben. Weiterdünsten, bis die Mischung goldbraun ist. Die Tomaten unterrühren und alles unter Rühren pastenähnlich einkochen lassen.

4| Die gemahlenen Gewürze unterrühren, dann das Fleisch und 1 ½ Tl Salz zugeben. 250 ml Wasser dazugießen und aufkochen lassen. Alles mit geschlossenem Deckel bei milder Hitze ca. 1 ½ Stunden schmoren lassen. Nach Ende der Garzeit ohne Deckel bis zur gewünschten Konsistenz einkochen lassen. Mit Salz und Pfeffer abschmecken. Dazu passt Reis.

Zubereitungszeit: ca. 50 Minuten (plus Schmor- und Einkochzeit)
Pro Portion ca. 619 kcal/2601 kJ
42 g E, 50 g F, 3 g KH

Tipp

Dieses Gericht lebt von den vielfältigen Aromen der zugegebenen Gewürzsamen. Durch das Rösten kommen diese zur vollen Entfaltung.

MAROKKANISCHES LAMM

mit Couscous

1| Für das Fleisch die Trockenfrüchte mit heißem Wasser übergießen und ca. 30 Minuten darin einweichen. Dann in ein Sieb abgießen, das Einweichwasser dabei auffangen. Ein weiteres Sieb mit einem Mulltuch auslegen, den Couscous hineingeben und mit kochendem Wasser übergießen. Abtropfen lassen.

2| Das Fleisch waschen, trocken tupfen, parieren und in Würfel schneiden. Zwiebel und Knoblauch schälen und hacken. Möhren waschen, putzen, schälen und klein würfeln. Das Öl in einem Topf erhitzen und das Fleisch darin portionsweise scharf anbraten. Herausnehmen, salzen und pfeffern. Zwiebeln und Möhren im verbliebenen Bratfett bei mittlerer Hitze unter Rühren ca. 10 Minuten anbraten. Den Knoblauch hinzugeben und weitere 2 Minuten anschwitzen. Das Fleisch und die Trockenfrüchte samt 100 ml Einweichwasser dazugeben.

3| Das Sieb mit dem Couscous auf den Topf setzen und alles mit einem Deckel lose abdecken. Das Fleisch ca. 30 Minuten schmoren – der Couscous gart dabei im aufsteigenden Dampf; ab und an mit einer Gabel auflockern.

4| Inzwischen die Mandeln in einer Pfanne ohne Fett goldgelb rösten. Die Kräuter waschen, trocken tupfen und die Blättchen grob hacken. Die Limette heiß waschen, trocken reiben und die Frucht in dünne Scheiben schneiden. Die Butter in einer Pfanne zerlassen und den Zucker darin goldgelb karamellisieren lassen. Die Limettenscheiben dazugeben und im Karamell wenden.

5| Nach Ende der Garzeit den Couscous in eine Schale füllen und die Butter unterrühren. Mandeln und Limettenscheiben auf dem Ragout verteilen. Mit den gehackten Kräutern bestreuen. Das Ragout mit dem Couscous servieren.

Für 4 Portionen

Für das Fleisch:
5 Backpflaumen
2 El Rosinen
12 getrocknete Aprikosen
500 g Lammfleisch aus der Schulter (ohne Knochen)
1 Zwiebel
2 Knoblauchzehen
2 Möhren
3 El Olivenöl
Salz
Pfeffer
70 g gehäutete, ganze Mandeln
½ Bund Minze
½ Bund Koriander
1 unbehandelte Limette
1 El Butter
1 El Zucker

Für den Couscous:
500 g feiner Couscous
1 El Butter

Zubereitungszeit: ca. 60 Minuten
Pro Portion ca. 1063 kcal/4463 kJ
39 g E, 45 g F, 121 KH

LAMMKARREE

mit geschmolzenen Tomaten

1| Den Backofen auf 100 °C vorheizen. Für die Fleischkruste das Brot ca. 20 Minuten im Ofen rösten, bis es trocken und knusprig ist. Dann abkühlen lassen und zu Bröseln reiben. Die Ofentemperatur auf 180 °C erhöhen. Die Petersilie waschen, trocken schütteln und die Blättchen hacken. Die Zitrone heiß waschen, trocken reiben und die Schale dünn abreiben. Saft auspressen. Knoblauch schälen und fein hacken. Brösel, Petersilie, Zitronenschale, Knoblauch und Olivenöl in einer Schüssel vermengen. Alles salzen, pfeffern und mit etwas Zitronensaft abschmecken.

2| Das Fleisch waschen und trocken tupfen. Das Olivenöl in einer Pfanne stark erhitzen. Die Lammkarrees mit der Fettseite nach unten bei starker Hitze ca. 2 Minuten braten. Herausnehmen, salzen und pfeffern und auf ein mit Backpapier belegtes Backblech legen. Die Oberseite mit Senf bestreichen, dann die Bröselmischung daraufgeben und festdrücken.

3| Die Tomaten waschen, trocken tupfen und in einer ofenfesten Form verteilen. Knoblauch schälen, halbieren und dazugeben. Alles mit Puderzucker bestäuben und mit Salz und Pfeffer würzen. Dann mit Olivenöl beträufeln. Neben den Kotelettstücken platzieren. Alles auf der mittleren Schiene ca. 30 Minuten garen. Nach Ende der Garzeit das Fleisch ca. 5 Minuten in Alufolie gewickelt ruhen lassen. Mit den Tomaten servieren. Dazu schmeckt knuspriges Weißbrot.

Für 4 Portionen

Für die Kruste:

3 Scheiben Vollkornbrot (à ca. 70 g)
½ Bund glatte Petersilie
1 unbehandelte Zitrone
2 Knoblauchzehen
6 El Olivenöl
Salz, Pfeffer

Für das Fleisch:

2 küchenfertige Lammkarrees (à ca. 750 g)
2 El Olivenöl
Salz, Pfeffer
2 El Dijon-Senf

Für die Tomaten:

700 g Kirschtomaten
5 Knoblauchzehen
1 El Puderzucker
Salz, Pfeffer
2 El Olivenöl

Zubereitungszeit: ca. 50 Minuten (plus Garzeit)
Pro Portion ca. 1388 kJ/5830 kJ
58 g E, 117 g F, 28 g KH

LAMMNACKEN

mit Süßkartoffel-Gemüse

Für 4 Portionen

Für das Fleisch:
3 Zweige Rosmarin
10 cm Ingwer
6 Knoblauchzehen
1 Tl Fenchelsamen
je 1 El Kreuzkümmel- und Koriandersamen
3 getrocknete Chilischoten
1 Msp. Zimtpulver
8 El Olivenöl
600 g Lammnacken (ohne Knochen)
Salz
Pfeffer
400 ml Weißwein

Für das Gemüse:
4 Süßkartoffeln
2 rote Zwiebeln
4 Fleischtomaten
1 rote Paprikaschote
100 g getrocknete Aprikosen

Für den Dip:
1 Bund Koriander
200 g Joghurt
Salz
Pfeffer
gemahlener Kreuzkümmel
etwas Zitronensaft

1| Den Backofen auf 180 °C vorheizen. Für das Fleisch Rosmarin waschen, trocken tupfen und die Nadeln abzupfen. Ingwer und Knoblauch schälen und fein hacken. Fenchel-, Kreuzkümmel- und Koriandersamen mit den Chilischoten in einen Mörser geben und grob zermörsern. Alles mit dem Zimt und 5 Esslöffeln Olivenöl verrühren.

2| Das Fleisch waschen, trocken tupfen und parieren, dann in ca. 8 große Stücke schneiden. Mit der Hälfte des Würzöls einreiben, dabei gut einmassieren. Abgedeckt bei Zimmertemperatur bis zur weiteren Verwendung marinieren lassen.

3| Für das Gemüse die Süßkartoffeln waschen, schälen und in Würfel schneiden. Die Zwiebeln schälen und hacken. Die Tomaten waschen, trocknen, putzen und in Spalten schneiden. Paprika halbieren, putzen, waschen, trocknen und würfeln. Das Gemüse in einer Schüssel mit dem restlichen Würzöl mischen. Die Aprikosen würfeln.

4| Das restliche Öl in einem Bräter erhitzen. Mit einem Messerrücken grob die Marinade vom Fleisch abstreifen und diese zum Gemüse geben. Das Fleisch salzen, pfeffern und im Bräter von allen Seiten ca. 5 Minuten anbraten, dann herausnehmen. Das Gemüse in den Bräter geben und ebenfalls ca. 5 Minuten anbraten. Mit dem Weißwein ablöschen. Die Aprikosen unterheben. Das Fleisch darauflegen. Alles ohne Deckel im Ofen ca. 1 ½ Stunden schmoren lassen, dabei das Fleisch immer wieder mit Sud begießen. Mit Salz und Pfeffer abschmecken.

5| Für den Dip den Koriander waschen, trocken schütteln und die Blättchen grob hacken. Mit dem Joghurt verrühren und die Mischung mit Salz, Pfeffer, Kreuzkümmel und Zitronensaft abschmecken. Das Fleisch mit dem Gemüse und dem Dip servieren.

Zubereitungszeit: ca. 50 Minuten (plus Schmorzeit)
Pro Portion ca. 966 kcal/4057 kJ
35 g E, 48 g F, 79 g KH

Tipp

Die Süßkartoffel, auch Batate genannt, stammt aus Südamerika. Auch wenn der Name es anders vermuten lässt, ist sie mit unseren Kartoffeln nicht verwandt. Ihr leicht süßlicher Geschmack harmoniert hervorragend mit dem kräftig-würzigen Geschmack des Lamms.

MILCHLAMMRAGOUT

mit Sardellen und Knoblauch

Für 4 Portionen

1 Zweig Rosmarin
2 eingelegte Sardellenfilets
5 Knoblauchzehen
4 El Weißweinessig
800 g Milchlammfleisch aus der Schulter
Salz
1 El Mehl
3 El Olivenöl
3 El Butter
Pfeffer
100 ml Weißwein

1| Rosmarin waschen, trocken tupfen und die Nadeln fein hacken. Sardellenfilets abspülen, trocken tupfen und ebenfalls fein hacken. Knoblauch schälen und hacken. Alles in einen Mörser geben und zerstoßen, dann mit dem Essig zu einer Paste verrühren.

2| Das Fleisch waschen, trocken tupfen, parieren und in Würfel schneiden. Dann salzen und hauchdünn mit Mehl bestäuben. Das Olivenöl mit der Butter in einem Schmortopf erhitzen und das Fleisch rundum ca. 5 Minuten kräftig darin anbraten. 5 Minuten bei mittlerer Hitze weiterbraten. Das Fleisch pfeffern. Mit Weißwein ablöschen, aufkochen lassen, dann mit geschlossenem Deckel ca. 10 Minuten schmoren.

3| Die Knoblauchpaste unterrühren, alles erneut aufkochen und weitere 5 Minuten ziehen lassen. Mit Salz und Pfeffer abschmecken. Dazu passt geröstetes Bauernbrot und Tomatensalat.

Zubereitungszeit: ca. 30 Minuten (plus Schmorzeit)
Pro Portion ca. 603 kcal/2534 kJ
37 g E, 48 g F, 3 g KH

Tipp

Falls Sie kein Milchlamm erhalten, erhöht sich die Garzeit. Lassen Sie das Fleisch in diesem Fall zusammen mit dem Weißwein bei milder Hitze ca. 1 Stunde schmoren.

WILD

Wildfleisch ist purer Geschmack – in diesem Kapitel finden Sie die schönsten Rezepte rund um Wildschwein, Reh & Co.

WILDHASE

mit Schwarzwurzeln

Für 4 Portionen

Für die Sauce:
150 g Schalotten
3 Zweige Thymian
2 El Butterschmalz
150 ml Rotwein
150 ml Wildfond
3 El Hagebuttenmark
Salz
Pfeffer
2 El eiskalte Butter
100 g dunkle Trauben ohne Kerne

Für die Schwarzwurzeln:
400 g Schwarzwurzeln
Salz
2 El Zitronensaft
4 El Butter

Für das Fleisch:
2 ausgelöste Wildhasenrücken
Salz
Pfeffer
150 g milder Speck (z. B. Pancetta)
1 Bund Thymian
4 El Butterschmalz
4 Wacholderbeeren

1| Für die Sauce die Schalotten schälen und hacken. Den Thymian waschen, trocken tupfen, die Blättchen abzupfen und hacken. Das Butterschmalz erhitzen und die Schalotten darin unter Rühren ca. 5 Minuten anschwitzen. Den Thymian dazugeben. Dann alles mit Rotwein und Wildfond ablöschen. Das Hagebuttenmark unterrühren. Alles aufkochen und um etwa die Hälfte einkochen lassen.

2| Für das Gemüse die Schwarzwurzeln und fließendem kalten Wasser schälen, schräg in Scheiben schneiden und in wenig leicht gesalzenem Zitronenwasser ca. 2 Minuten kochen. Abgießen, abschrecken und abtropfen lassen.

3| Den Backofen auf 100 °C vorheizen. Ein Backblech mit Backpapier auslegen. Das Fleisch waschen, trocken tupfen, salzen, pfeffern und mit dem Speck umwickeln. Den Thymian waschen und trocken tupfen. Das Butterschmalz in einer Pfanne erhitzen. Das Fleisch, den Thymian und die Wacholderbeeren hineinlegen. Die Hasenrücken von allen Seiten ca. 8 Minuten braten. Herausnehmen, auf das Backblech legen und weitere 4 Minuten im Ofen weitergaren.

4| Inzwischen die Sauce mit Salz und Pfeffer abschmecken, dann durch ein Sieb passieren. Die Butter hineinrühren. Die Trauben waschen, trocken tupfen, große Exemplare ggf. halbieren und in der Sauce erwärmen. Die Butter in einer Pfanne zerlassen und die Schwarzwurzeln darin knusprig braten. Das Fleisch mit der Sauce und den Schwarzwurzeln servieren. Dazu passen Schupfnudeln.

Zubereitungszeit: ca. 60 Minuten
Pro Portion ca. 805 kcal/3379 kJ
40 g E, 64 g F, 12 g KH

Rehrücken

mit fruchtiger Rotweinsauce

1| Den Rehrücken waschen und trocken tupfen. Das Fleisch auslösen, die Knochen in größere Abschnitte teilen. Die Knochen unter fließendem Wasser abspülen, um eventuelle Splitter zu entfernen, dann trocken tupfen. Die Zwiebel schälen und hacken. Möhre und Sellerie waschen, putzen, schälen und grob würfeln. Lauch waschen, putzen und vierteln. Thymian und 2 Rosmarinzweige waschen und trocken schütteln.

2| 1 Esslöffel Butterschmalz in einem Bräter erhitzen und die Knochen darin kräftig anrösten. Das Gemüse hinzugeben, ca. 3 Minuten weiterrösten, dann das Tomatenmark dazurühren. Anrösten, bis es dunkel wird, dann mit der Hälfte des Rotweins ablöschen. Fast vollständig einkochen lassen, dann den restlichen Rotwein und den Wildfond hinzugießen. Die Gewürzkörner und Beeren mit dem Lorbeerblatt, dem Thymian und dem Rosmarin hinzufügen. Alles mit geschlossenem Deckel bei milder Hitze ca. 2 Stunden simmern lassen. Anschließend in einen anderen Topf passieren, das Johannisbeergelee unterrühren, alles mit Salz und Pfeffer abschmecken und weiter sanft einkochen lassen.

3| Den Backofen auf 160 °C vorheizen. Ein Backblech mit Backpapier auslegen. Das Fleisch in 4 gleich große Stücke teilen. Von dem restlichen Rosmarinzweig die Nadeln abzupfen und diese fein hacken. Das Fleisch mit Salz, Pfeffer und Rosmarin würzen. Das restliche Butterschmalz in einer Pfanne zerlassen. Das Fleisch von beiden Seiten ca. 2 Minuten braten, dann auf das Backblech legen und im Backofen ca. 3 Minuten fertiggaren lassen. Herausnehmen und ca. 2 Minuten in Alufolie gewickelt ruhen lassen.

4| Das Bratfett aus der Pfanne abgießen, die Sauce hinzugießen und einmal aufkochen lassen. Vom Herd nehmen und die eiskalte Butter zum Binden unterrühren. Das Fleisch mit der Sauce servieren. Dazu passen Schupfnudeln und Rotkohl.

Für 4 Portionen

800 g Rehrücken (mit Knochen)
1 Zwiebel
1 Möhre
½ Knollensellerie
1 Stange Lauch
1 Bund Thymian
3 Zweige Rosmarin
3 El Butterschmalz
2 El Tomatenmark
500 ml Rotwein
250 ml Wildfond
je 3 Piment- und Pfefferkörner
3 Wacholderbeeren
1 Lorbeerblatt
1 El schwarzes Johannisbeergelee
Salz
Pfeffer
2 El eiskalte Butter

Zubereitungszeit: ca. 90 Minuten (plus Kochzeit)
Pro Portion ca. 312 kcal/1306 kJ
35 g E, 12 g F, 6 g KH

WILDSCHWEINSCHULTER

mit Armagnac-Sauce

Für 4 Portionen

250 g Kirschtomaten
2 Zwiebeln
1 Möhre
½ Knollensellerie
1 Stange Lauch
1 Bouquet garni
100 g Trockenpflaumen
50 g getrocknete Aprikosen
800 g Wildschweinbraten aus der Schulter
Salz
Pfeffer
3 El Butterschmalz
1 El Tomatenmark
250 ml Rotwein
200 ml Wildfond
5 Wacholderbeeren
1 Nelke
1 Lorbeerblatt
6 cl Armagnac
100 ml Sahne
1 El Preiselbeeren

1| Den Backofen auf 180 °C vorheizen. Die Tomaten waschen, putzen, trocknen und vierteln. Die Zwiebeln schälen und hacken. Möhre und Sellerie waschen, putzen, schälen und grob würfeln. Lauch waschen, putzen und vierteln. Das Bouquet garni waschen und trocken tupfen. Die Trockenfrüchte würfeln.

2| Das Fleisch waschen, trocken tupfen, salzen und pfeffern. Eine Tasche hineinschneiden und diese mit den Trockenfrüchten füllen. Mit Zahnstochern verschließen. Das Butterschmalz in einem Bräter erhitzen und das Fleisch darin rundherum ca. 5 Minuten anbraten. Herausnehmen und das Gemüse im Bratfett anrösten. Das Tomatenmark dazurühren, dann alles mit Rotwein ablöschen und aufkochen lassen.

3| Das Fleisch zurück in den Bräter geben. Den Wildfond, die Gewürze und das Bouquet garni hinzufügen. Alles mit geschlossenem Deckel ca. 1 Stunde im Ofen schmoren lassen. Das Fleisch herausnehmen, in Folie wickeln und in dem auf 70 °C heruntergeschalteten Ofen warm halten. Den Fond durch ein Sieb in einen anderen Topf passieren.

4| Den Fond mit dem Armagnac aufkochen, dann die Sahne einrühren. Mit Salz und Pfeffer abschmecken. Zum Schluss die Preiselbeeren einrühren und alles bis zur gewünschten Konsistenz einkochen lassen. Den Braten mit der Sauce servieren. Dazu passen Spätzle und glasierte Maronen.

Zubereitungszeit: ca. 60 Minuten (plus Schmorzeit)
Pro Portion ca. 582 kcal/2444 kJ
49 g E, 23 g F, 31 g KH

HIRSCHGULASCH

mit Waldpilzen

1| Das Fleisch waschen, trocken tupfen, parieren und in Würfel schneiden. Den Speck in feine Streifen schneiden. Die Zwiebel schälen und hacken. Möhren und Sellerie waschen, putzen, schälen und grob würfeln.

2| Das Olivenöl in einem Bräter erhitzen. Das Fleisch salzen, pfeffern und hauchdünn mit Mehl bestäuben. Portionsweise mit dem Speck im heißen Öl anbraten, dann komplett herausnehmen und das Gemüse in den Bräter geben. Unter Rühren ca. 5 Minuten anbraten. Das Tomatenmark dazurühren. Kurz anrösten, dann mit dem Essig ablöschen. Den Rotwein angießen und fast komplett einkochen lassen. Dann den Wildfond hineingießen und das Fleisch mitsamt dem ausgetretenen Fleischsaft dazugeben. Lorbeerblatt, Wacholder und Nelken hineinlegen. Die Kräuter waschen, trocken schütteln und ebenfalls hinzugeben. Den Bräter abdecken und alles bei milder Hitze ca. 1 ½ Stunden schmoren lassen.

3| Das Fleisch aus dem Bräter nehmen, die Sauce passieren und ggf. noch etwas einkochen lassen. Dann die Crème fraîche und die Preiselbeeren unterrühren. Das Fleisch wieder dazugeben und alles mit Salz und Pfeffer abschmecken.

4| Die Petersilie waschen, trocken schütteln und die Blättchen hacken. Die Schalotte schälen und hacken. Die Pilze putzen, feucht abreiben und in ca. ½ cm dicke Scheiben schneiden. Die Butter in einer Pfanne zerlassen und die Schalotten darin anschwitzen. Dann die Pilzscheiben ca. 5 Minuten von beiden Seiten braten. Salzen, pfeffern und mit der Petersilie vermengen. Das Gulasch mit den Pilzen servieren. Dazu schmecken Semmelknödel.

Für 4 Portionen

800 g Hirschfleisch aus der Schulter
100 g mild geräucherter Speck
1 Zwiebel
2 Möhren
¼ Knollensellerie
2 El Olivenöl
Salz
Pfeffer
1 El Mehl
1 El Tomatenmark
50 ml Rotweinessig
250 ml Rotwein
450 ml Wildfond
1 Lorbeerblatt
4 Wacholderbeeren
2 Nelken
2 Zweige Rosmarin
½ Bund Thymian
150 g Crème fraîche
1 El Preiselbeeren aus dem Glas
½ Bund glatte Petersilie
1 Schalotte
je 100 g Steinpilze, Pfifferlinge und Maronenröhrlinge
2 El Butter

Zubereitungszeit: ca. 60 Minuten (plus Schmorzeit)
Pro Portion ca. 659 kcal/2769 kJ
41 g E, 46 g F, 10 g KH

Rehrücken

mit Portweinsauce

Für 4 Portionen

Für die Kürbiskernkruste:
80 g Kürbiskerne
50 g trockenes Weißbrot
1 Pimentkorn
1 Wacholderbeere
1 Nelke
½ Tl Koriander
80 g weiche Butter
2 Eigelb
Salz
Pfeffer

Für das Fleisch und die Sauce:
600 g ausgelöster Rehrücken
Salz
Pfeffer
3 El Butterschmalz
500 ml Wildfond
8 cl Portwein
20 g eiskalte Butter

1| Für die Kürbiskernkruste die Kürbiskerne in einer Pfanne ohne Fett goldbraun rösten, dann beiseitestellen, abkühlen lassen und hacken. Das Weißbrot reiben. Piment, Wacholder, Nelke und Koriander mahlen. Die Butter schaumig schlagen, dann die Eigelbe nach und nach unterquirlen. Zum Schluss Kürbiskerne, Brotbrösel und Gewürze unterrühren. Alles mit Salz und Pfeffer abschmecken.

2| Den Backofen auf 200 °C vorheizen. Ein Backblech mit Backpapier auslegen. Den Rehrücken waschen, trocken tupfen, in 4 Stücke teilen, salzen und pfeffern. Das Butterschmalz erhitzen und die Fleischstücke von beiden Seiten ca. 1 ½ Minuten anbraten. Das Fleisch aus der Pfanne nehmen, auf das Backblech legen und ca. 6 weitere Minuten im Ofen garen. Die Grillfunktion einschalten. Die Kürbiskernpaste auf dem Fleisch verteilen und ca. 4 Minuten goldgelb gratinieren. Das Fleisch in Alufolie wickeln und ca. 2 Minuten ruhen lassen.

3| Während der Gar- und Ruhezeit des Fleisches die Sauce zubereiten. Dazu den Wildfond in einem Topf um die Hälfte einkochen lassen. Das Bratfett aus der Pfanne abgießen, den Fond und den Portwein darin aufkochen und wieder alles um die Hälfte einkochen lassen. Die Sauce mit Salz und Pfeffer abschmecken, dann vom Herd nehmen und die eiskalte Butter zum Binden einrühren. Das Fleisch mit der Sauce servieren. Dazu schmeckt Petersilienwurzelpüree (siehe S. 70).

Zubereitungszeit: ca. 40 Minuten (plus Kochzeit)
Pro Portion ca. 652 kcal/2737 kJ
47 g E, 43 g F, 14 g KH

HASENPFEFFER

in Bockbiersauce

Für 4 Portionen

800 g Wildhasenfleisch, ausgelöst aus Brust, Hals und Vorderläufen
150 g geräucherter milder Speck
1 Stange Lauch
2 Möhren
1 Bouquet garni
je 1 Msp. Nelken- und Zimtpulver sowie gemahlene Pimentkörner
Salz
Pfeffer
2 El Olivenöl
500 ml Bockbier
250 ml Wildfond
½ El Mehl
½ El Butter
2 El Pflaumenmus
20 ml Birnenbrand

1| Das Fleisch waschen, trocken tupfen, parieren und in mundgerechte Stücke schneiden. Den Speck klein würfeln. Den Lauch waschen, trocknen, putzen und halbieren. Die Möhren waschen, putzen, schälen und grob zerteilen. Das Bouquet garni abspülen und trocken tupfen.

2| Das Fleisch in eine Schüssel geben und mit den Gewürzen vermischen. Salzen und pfeffern. Das Olivenöl in einem Bräter erhitzen. Den Speck und das Fleisch darin portionsweise bei mittlerer Hitze anbraten, dann herausnehmen. Das Gemüse anbraten, dann das Fleisch und den Speck wieder zu dem Gemüse in den Bräter geben. Bockbier und Wildfond dazugießen. Das Bouquet garni einlegen und alles aufkochen lassen. Die Hitze reduzieren und den Hasenpfeffer bei milder Hitze ca. 1 ½ Stunden simmern lassen.

3| Nach Ende der Garzeit alles in ein Sieb abgießen, den Sud dabei auffangen. Mehl mit Butter glatt verkneten, in den Bräter geben und zerlassen. Nach und nach den Sud glatt unterrühren. Alles aufwallen lassen und ca. 10 Minuten leicht köcheln. Pflaumenmus und Birnenbrand einrühren. Alles mit Salz und Pfeffer abschmecken. Das Fleisch in die Sauce geben und erwärmen. Dazu passen Semmelknödel und Rosenkohl.

Zubereitungszeit: ca. 60 Minuten (plus Schmorzeit)
Pro Portion ca. 751 kcal/3152 kJ
52 g E, 47 g F, 13 g KH